大数据时代背景下
企业财务管理变革

王利敏◎著

 中国商业出版社

图书在版编目（CIP）数据

大数据时代背景下企业财务管理变革/王利敏著.—北京：中国商业出版社，2021.11
ISBN 978-7-5208-1940-4

Ⅰ.①大… Ⅱ.①王… Ⅲ.①企业管理—财务管理—研究 Ⅳ.①F275

中国版本图书馆 CIP 数据核字（2021）第 241739 号

责任编辑：滕 耘

中国商业出版社出版发行

010-63180647　www.c-cbook.com

（100053　北京广安门内报国寺 1 号）

新华书店经销

昌昊伟业（天津）文化传媒有限公司印刷

787 毫米×1092 毫米　16 开　8 印张　170 千字

2021 年 11 月第 1 版　2021 年 11 月第 1 次印刷

定价：39.80 元

* * * *

（如有印装质量问题可更换）

前　言

　　大数据是中国经济新常态下创新驱动的发动机和产业转型的助推器，带动了技术研发体系创新、管理方式改革、商业模式创新和产业价值链体系重构，推动了跨领域、跨行业的数据融合和协同创新。企业可持续发展的关键是获得竞争优势，而财务战略作为企业总体战略的核心，实施有效的财务管理是企业经营和发展的基础。作为现代企业管理的重要组成部分，财务管理工作必须积极适应信息化发展步伐，在各方面做出调整。

　　大数据时代，改变了财务管理的传统理念和内涵，也对财务数据处理和应用提出了更高要求。一方面，海量数据为财务管理和财务决策带来了有力的支撑；另一方面，也对传统的财务系统、财务人员的素质提出了更高的要求。为了应对大数据带来的挑战，抓住大数据带来的机遇，企业决策者以及相关的财务管理专业人员，需要重新审视和思考财务管理工作，全面提升进行财务决策时统筹各种数据的技能，整合并提高应对环境变化的决策水平。

　　笔者从大数据以及财务管理的基本理论入手，分析了财务管理与大数据的基本关系。通过研究大数据时代下的企业运营及企业管理创新，重点阐述了大数据时代对企业财务管理、企业投资决策、会计工作的影响，提出了大数据时代下企业财务管理面临的挑战与变革，并分析了面对大数据引发的财务信息风险，企业应该进行财务管理的变革与创新。

　　在本书的编写过程中，参考借鉴了国内外学者的大量研究成果，在此对这些学者表示衷心的感谢！同时，由于作者水平所限，本书难免存在不足之处，真诚地希望读者对本书提出宝贵的意见和建议。

作　者

2021 年 7 月

目 录

第一章 财务管理的基本理论 …………………………………………… 1
第一节 财务管理概述 ……………………………………………… 1
第二节 财务管理的目标 …………………………………………… 11
第三节 财务管理的环境 …………………………………………… 16
第四节 财务信息管理与财务管理创新 …………………………… 23
第五节 现代财务 …………………………………………………… 25
第六节 财务风险 …………………………………………………… 28

第二章 大数据的基本理论 ………………………………………………… 32
第一节 大数据的产生与发展 ……………………………………… 32
第二节 大数据的定义与特点 ……………………………………… 35
第三节 数据的整合管理与使用 …………………………………… 37
第四节 大数据的价值分析 ………………………………………… 44

第三章 财务管理与大数据的基本关系 …………………………………… 55
第一节 大数据时代下的财务管理存在的问题与对策 …………… 55
第二节 大数据引发的无边界融合式财务管理 …………………… 58
第三节 大数据时代下企业的财务决策框架 ……………………… 65
第四节 大数据时代下的财务决策新思维 ………………………… 68

第四章 大数据时代对企业财务管理的影响 ……………………………… 71
第一节 大数据时代对企业财务管理人员角色的影响 …………… 71
第二节 大数据时代对企业竞争优势的影响 ……………………… 75
第三节 大数据时代对企业财务决策的影响 ……………………… 83
第四节 大数据时代对企业财务信息挖掘的影响 ………………… 95
第五节 大数据时代对企业财务管理精准性的影响 ……………… 102

第五章 大数据时代下企业财务管理的挑战与变革 ……………………… 106
第一节 大数据时代对企业财务管理的挑战 ……………………… 106
第二节 大数据时代下企业财务管理的变革与创新 ……………… 112

参考文献 …………………………………………………………………… 119

第一章 财务管理的基本理论

第一节 财务管理概述

一、财务管理的概念

为了研究财务管理,首先要对财务活动和财务关系有一个基本的了解。企业财务是企业财务活动及其所体现的经济利益关系的总称。

(一) 财务活动

企业财务活动是以现金收支为主的企业资金收支活动的总称。在市场经济条件下,企业再生产过程具有两重性,它既是使用价值的生产和交换过程,又是价值的形成和实现过程,在这个过程中,物质价值的货币表现就是资金,资金的实质是再生产过程中运动着的价值。为了保证生产经营活动正常进行,企业就要筹集一定数量的资金。企业拥有一定数量的资金是进行生产经营活动的必要条件。

随着企业再生产过程的不断进行,企业的资金总是处于不断的运动之中。在生产经营中,现金变为非现金资产,非现金资产又变为现金,这种流转过程称为现金流转。这种流转无始无终,不断循环,称为现金循环或资金循环,资金循环体现着资金运动的形态变化。企业财务活动包括企业为生产经营需要而进行的资金筹集、资金运用、资金分配以及日常资金管理等活动。

1. 筹资引起的财务活动

在建立一个新企业时,必须要筹集一定的资金作为最初的资本。在生产经营过程中,企业也必须筹集一定数量的资金,来维持简单再生产或扩大再生产。企业通过发行股票、发行债券、吸收直接投资、银行借款等方式筹集资金，表现为企业现金的流入；企业偿还借款，支付利息、股利以及付出各种筹资费用等，则表现为企业的现金流出，这便是企业筹资引起的财务活动。

2. 投资引起的财务活动

企业是以营利为目的的经济组织，为了实现其目的，需要把资金用于生产经营活动以便取得盈利，不断增加企业价值。企业把筹集的资金投资于企业内部用于购置固定资产、无形资产等，形成企业的对内投资；把资金用来购买其他企业的股票、债券或与其他企业进行联营投资，形成企业的对外投资。无论是对内投资还是对外投资，都将引起企业的现金流出，而收到股利、利息或将这些投资变现时，则会引起现金的流入。这种因投资而产生的现金收支，便是由投资引起的财务活动。

3. 营运引起的财务活动

企业在正常生产经营过程中，会发生一系列的现金收支。首先，企业要采购材料或商品，以便从事生产和销售活动，同时还要支付工资和其他营运费用；其次，出售商品或提供劳务时可取得收入，收回现金。上述所产生的现金收支活动便是营运所引起的财务活动。

4. 利润分配引起的财务活动

企业在生产经营过程中会产生利润，也可能会因对外投资而产生利润，这表明企业的资金实现了增值或得到了投资报酬。企业的利润按规定的程序进行分配。首先，要依法纳税；其次，要提取盈余公积金；最后，向投资者分配利润。这些便属于由利润分配而引起的财务活动。

以上财务活动是企业生产经营活动的重要组成部分，它们不是相互割裂、互不相关的，而是相互联系、相互依存的。

（二）财务关系

企业财务关系是指企业在组织财务活动的过程中与各相关利益集团发生的经济利益关系。企业的财务关系可概括为以下五个方面。

1. 企业与投资者和受资者之间的财务关系

一方面，企业从各种投资者那里筹集资金，进行生产经营活动，并将所实现的利润按各投资者的出资额进行分配；另一方面，企业可将自身的法人财产向其他单位投资，这些被投资单位即为受资者，受资者也应将其所产生的利润向投资企业进行投资收益的分配。企业与投资者、受资者的关系，实质是共同分享收益的关系，在性质上属于所有权关系，反映着经营权和所有权的关系。

2. 企业与债权人、债务人、购销客户之间的财务关系

企业购买材料、销售产品，要与购销客户发生货款收支结算关系，在购销活动中由于延期收付款项，因此要与有关单位建立商业信用——产生应收账款和应付账款。当企业资金不足时，要获取各种银行借款、发行债券；当企业资金闲置时，可能购买其他单位的债券。企业与债权人、债务人、购销客户的关系，在性质上属于债权债务关系。

3. 企业与国家之间的财务关系

企业应按照国家税法的规定计算并缴纳各种税款。国家以社会管理者的身份向企业征收有关税金，保证国家财政收入的实现，满足社会各方面的需要。企业及时足额纳税是其对社会应尽的义务，而税务机关代表国家行使税收征管权力，反映了企业依法纳税和税务机关依法征税的税收权利与义务之间的关系。

4. 企业内部各单位之间的财务关系

它是指企业内部各单位之间在生产经营各环节中相互提供产品或劳务而形成的经济关系。在实行内部经济核算制的条件下，部门之间相互提供产品和劳务要进行计价结算，这样，企业财务部门同各单位及各单位之间就发生资金结算关系。处理这种关系，要严格分清有关各方的经济责任，以便有效地发挥激励机制和约束机制的作用。

5. 企业与职工之间的财务关系

它是指企业在向职工支付劳动报酬的过程中所形成的经济关系。职工是企业的劳动者，他们以自身提供的劳动作为参与企业分配的依据。企业根据劳动者的劳动情况用其收入向职工支付工资、津贴和奖金，并按规定提取公益金等，体现了职工个人与集体在劳动成果上的分配关系。处理这种关系，要正确执行有关的分配政策，切实保障职工的合法权益。

财务管理是基于再生产过程中客观存在的企业财务活动和财务关系而产生的，是组织企业财务活动，处理企业财务关系的一项综合性的管理工作，其主要内容是筹资、投资、营运资金管理和收益分配，主要的工作环节包括决策、计划、控制和评价等。

二、财务管理的内容

企业财务管理集中于企业怎样才能创造和保持价值，即如何实现企业价值最大化。企业价值最大化的途径是提高报酬率和减少风险，企业报酬率的高低和风险大小又取决于投资项目、资本结构和股利政策。因此，财务管理的主要内容是投资决策、筹资决策、收益分配决策及营运资金管理决策。

（一）投资决策

投资是指以收回现金并取得收益为目的而发生的现金流出。投资决策主要涉及资

产负债表的资产方（左方），决定企业投资于哪些资产和提出诸如是否新建厂房的问题。企业的投资决策，按不同的标准可以分为以下类型。

1. 直接投资和间接投资

直接投资又称项目投资，是指把资金直接投放于生产经营性项目，形成经营性资产，以便获取利润的投资，如购置设备、兴建工厂、开办商店等。

间接投资又称证券投资，是指把资金投放于金融性资产，以便获取股利、利息收入或资本利得的投资，如购买债券、股票、基金等。

这两种投资决策所使用的一般性概念虽然相同，但决策的具体方法很不一样。证券投资只能通过证券分析与评价，从证券市场中选择公司需要的股票和债券，并组成投资组合。作为行动方案的投资组合，不是事先创造的，而是通过证券分析得出的。项目投资要事先创造一个或几个备选方案，通过对这些方案的分析和评价，从中选择一个足够满意的行动方案。

2. 长期投资和短期投资

长期投资是指影响所得超过一年的投资，例如，购买设备、建造厂房等。长期投资又称资本性投资。用于股票和债券的长期投资，在必要时可以出售变现，而较难以变现的是生产经营性的固定资产投资，所以有时长期投资专指固定资产投资。

短期投资又称为流动资产投资或营运资金投资，是指影响所得不超过一年的投资，如对应收账款、存款、短期有价证券的投资。

长期投资和短期投资的决策方法有所区别。由于长期投资涉及的时间长、风险大，决策分析时更重视货币的时间价值和投资风险价值的计量。

由于企业拥有的经营资金具有稀缺性，因此，有效投资、提高投资效率、实现风险与收益的均衡，是进行投资决策所必须遵循的基本原则。

（二）筹资决策

投资决策一经做出，企业就必须为满足投资对资金的需要而进行筹资。筹资是为了满足企业对资金的需要而筹措和集中资金的经济行为。例如，企业发行股票、发行债券、银行借款、赊购等。筹资决策主要涉及资产负债表的负债及股东权益方（右方），表现为对企业资金需要的确定，对筹资方式的选择，对企业权益资本与长期负债比例的规划等方面，筹资风险和筹资成本相配合。

筹资决策的关键是决定各种资金来源在总资金中所占的比重，即确定资本结构，以使筹资风险和筹资成本相配合。

筹集的资金按不同的标志，可将其分为权益资金和借入资金、长期资金和短期资金。

1. 权益资金和借入资金

权益资金是指公司股东提供的资金，它不需要归还，筹资风险小，但其期望的报酬率高。

借入资金是指债权人提供的资金，它要按期归还本金，并支付利息，有一定的风险，但其要求的报酬率比权益资金低。

所谓资本结构，主要是权益资金和借入资金的比例关系。一般来说，完全通过权益资金筹资是不明智的，不能获得财务杠杆的好处，但负债比例大则风险也大，企业可能陷入财务危机，所以筹资决策的一个主要内容就是确定最佳资本结构。

2. 长期资金和短期资金

长期资金是指企业可长期使用的资金，包括权益资金和长期负债。权益资金不需要归还，企业可以长期使用，属于长期资金；此外，长期借款也属于长期资金。有时，习惯上把 1 年以上至 5 年以内的借款称为中期资金，而把 5 年以上的借款称为长期资金。

短期资金一般是指 1 年内要归还的短期借款。一般来说，短期资金的筹集应主要解决临时的资金需要。例如，在生产经营旺季需要的资金比较多，可借入短期借款，度过生产经营的旺季即归还。

长期资金和短期资金的筹资速度、筹资成本、筹资风险以及借款时企业所受的限制有所不同。如何安排长期资金和短期资金的相对比重，是筹资决策要解决的另一个主要问题。

（三）收益分配决策

收益分配是指在企业当年的净利润中，应拿出多少用于支付现金股利，保留多少用于再投资。过高的股利支付率，将影响企业再投资的能力，会使未来收益减少，造成股价下跌；而过低的股利支付率，则可能引起股东不满，股价也会下跌。

收益分配决策是确定当年净利在股东股利和企业留存收益之间的分配比例，即制定公司的股利政策。每个企业根据自己的具体情况确定最佳的股利政策，是财务决策的一项重要内容。

收益分配决策，从另一个角度看也是保留盈余决策，是企业内部筹资问题。因此，有研究者认为股利决策属于筹资的范畴，而并非一项独立的财务管理内容。

（四）营运资金管理决策

营运资金管理的基本任务是短期资金的筹集以及短期资金周转效率的提高。营运资金管理是通过有效地进行资金的日常调度和调剂，合理配置资金，以提高资金使用效率，增强短期资金流动性。

营运资金管理决策的首要任务是合理安排流动资产和流动负债的比例关系，确保企业有较强的短期偿债能力；其次，加强流动资产管理，提高其周转效率，改善企业财务状况，这也是营运资金管理的重要内容。

三、财务管理的产生和发展

财务学已成为经济管理界最热门的领域之一。1990年，三位美国经济学家哈里·马科维茨（Harry Markowilz）、威廉·夏普（Willam F. Sharpe）、默顿·米勒（Merton Miller）因其在财务学方面的杰出贡献获得诺贝尔经济学奖。他们之所以能够获此殊荣，其主要贡献就在于为投资者提供了衡量不同投资的风险和收益的工具以及股票和债券的估价办法。西方财务学主要由三大领域构成，即公司财务管理、投资，以及金融市场与中介。企业财务管理是本书的重点，然而，财务原则和理论也适用于个人的财务交易。100多年来，西方企业财务管理理论获得了飞跃性发展。

（一）财务管理的产生

随着商品经济的繁荣，15—16世纪，地中海沿岸一带的城市得到了迅速发展，意大利的许多城市发展成为欧洲与远东之间的贸易中心。这种超地区的商业发展，使得在某些城市中出现了邀请公众入股的商业组织，股东有商人、王公、大臣及一般市民。这种股份组织一般由官方设立并监督其业务，股份不能转让但投资者可以收回。这虽然还不是现代意义上的股份公司，但已开始向公众筹集资金用于商业用途，也存在红利的分配和股本的回收等问题。因此，国外的许多学者认为，这时已经有了财务管理的雏形，只不过这时的财务管理还没有作为一项独立的职能从商业经营活动中分离出来。

随着资本的原始积累，金融业兴起，工业技术的发明和应用，生产和交易规模的不断扩大，股份公司在许多国家中发展起来。特别是19世纪50年代以后，欧美产业革命即将完成，制造业迅速崛起，新机器、新技术不断涌现，企业规模不断扩大，组织企业需要大量的资金，股份公司得到迅速发展。19世纪末20世纪初，随着股份公司迅速发展，企业规模不断扩大，一项新的管理职能出现，即企业如何筹集资金、如何发行股票、如何寻找资金来源、筹集到的资金如何使用、盈利如何分配等。一个新的管理部门——财务管理部门应运而生，专门来承担以上职能。财务管理从企业管理中分离出来，专业化的财务管理也就产生了。

（二）财务管理的发展阶段

财务管理自从产生以来，经历了融资财务管理、内部控制财务管理和投资财务管理三个阶段。

1. 融资财务管理时期

20世纪初期，西方国家股份公司迅速发展，企业规模不断扩大，市场商品供不应求。企业普遍存在如何为扩大生产经营规模筹措资金的问题。当时企业财务管理的职能主要是预计资金需要量和筹措企业所需资金，融资是当时企业财务管理理论研究的根本任务。从一定意义上讲，当时的财务管理问题就是融资管理问题，融资管理问题就是财务管理问题。因此，这一时期称为融资财务管理时期或筹资财务管理时期。

为适应当时的情况，各企业纷纷成立新的管理职能部门——财务管理部门，独立的企业理财活动应运而生。财务管理理论研究的重点也主要是融资问题。1910年，美国学者米德（Meade）出版了20世纪第一部专门研究公司筹资财务管理的著作——《公司财务》；1938年，戴维（Dewing）和李昂（Lyon）分别出版了《公司财务政策》和《公司及其财务问题》。这些著作主要研究企业如何卓有成效地筹集资本，形成了以研究企业融资为中心的"传统型企业财务管理理论"学派。所罗门（Solomon）认为这种传统财务研究为现代财务管理理论的产生与完善奠定了基础。但这种财务理论忽视资金使用问题，存在很大的局限性。

1929年爆发的全球经济危机和20世纪30年代西方经济的不景气，造成了众多企业破产，投资者损失严重。为保护投资人利益，西方各国政府加强了证券市场的法制管理。如美国于1933年和1934年相继出台了《联邦证券法》和《证券交易法》，对企业证券融资做出严格的法律规定。此时财务管理面临的突出问题是如何遵循和适应金融市场制度与相关法律规定。财务管理首先要研究和解释各种法律法规，指导企业按照法律规定的要求，组建和合并公司，发行证券以筹集资本。因此，西方财务学家又将这一时期称为"守法财务管理时期"或"法规描述时期"（Descriptive Legalistic Period）。

1929年至1933年的全球经济危机，也使如何维持公司生存成为投资者和债权人关注的首要问题。危机使许多公司意识到，财务管理的任务不仅是融资问题，还应包括对资金的科学管理与使用，只有注重资金的使用效益，保持资本结构的合理性，严格控制财务收支，才能使企业立于不败之地。这样，20世纪30年代后，财务管理的重点开始从扩张性的外部融资，向防御性的内部资金控制转移，各种财务目标和预算的确定、债务重组、资产评估、保持偿债能力等问题，开始成为这一时期财务管理研究的重要内容。

一些专家、学者根据20世纪30年代后出现的这种趋势，认为30年代后西方财务管理理论进入了新的发展时期。实际并非如此，直到40年代末，公司财务管理的理论与方法仍然没有实质性进展。财务管理的重点仍停留于外部融资，财务理论的内容仍以介绍法律、金融市场和金融工具为主。至于怎样提高资金使用效率和强化内部控制等问题，尚未达到应有的重视程度。

2. 内部控制财务管理时期

20世纪50年代以后，面对激烈的市场竞争和买方市场趋势的出现，在总结历史经验教训的基础上，财务经理普遍认识到，单纯靠扩大融资规模、增加产品产量已无法适应新的形势发展需要，财务经理的主要任务应是解决资金利用效率问题，做好资金利用的决策。公司内部的财务决策上升为最重要的问题，而与融资相关的事项已退居到第二位。这样，公司财务决策与生产决策、营销决策一起，构成决定公司生死存亡的三大决策支柱。美国各大公司纷纷设立财务副总经理，由其制定公司的重要财务方针和计划，编审财务控制预算和评估重大投资方案等。基于这一原因，西方财务学家将这一时期称为"内部决策时期"（Internal Decision – Making Period）或"综合财务管理时期"。

在此期间，资金的时间价值引起财务经理的普遍关注，以固定资产投资决策为研究对象的资本预算方法日益成熟。最早研究投资财务理论的美国人迪恩（Joel Dean）于1951年出版了《资本预算》，对财务管理由融资财务管理向资产财务管理的飞跃发展产生了决定性的影响。此后，财务管理的中心由重视外部融资转向注重资金在公司内部的合理配置，使公司财务管理发生了质的飞跃。由于这一时期资产管理成为财务管理的重中之重，因此也称之为"资产财务管理时期"。

20世纪50年代后期，对公司整体价值的重视和研究是财务管理理论的另一显著发展。实践中，投资者和债权人往往根据公司的盈利能力、资本结构、股利政策、经营风险等一系列因素来决定公司股票和债券的价值，所以需要进行重大决策时，首先必须评估决策对公司价值将会产生何种影响。由此，资本结构和股利政策的研究受到高度重视。1958年至1961年，米勒（Miller）和另一财务学者莫迪格利亚尼（Modigliani）经过大量研究，提出了著名的"MM定理"，即在有效的证券市场上，公司的资本结构和股利政策与其证券价值无关。西方财务界对此反响强烈。最初，该定理被看作离经叛道的奇谈怪论，但今天它已被学术界公认为显而易见的道理，大多数财务学者认为它是财务管理理论中最重要的贡献，奠定了现代公司财务理论的基础。

总之，在这一时期，以研究财务决策为主要内容的"新财务论"已经形成，其实质是注重财务管理的事先控制，强调将公司与其所处的经济环境密切联系，以资产管理决策为中心，将财务管理理论向前推进了一大步。

3. 投资财务管理时期

第二次世界大战结束以后，科学技术迅速发展，产品更新换代速度加快，国际市场迅速扩大，跨国公司日益增多，金融市场日益繁荣，市场环境日益复杂，投资风险日益增加，企业必须更加重视投资效益，规避投资风险，这对已有的财务管理提出了更高的要求。20世纪60年代中期以后，财务管理的重点转移到投资问题上，因此称为投资财务管理时期。

早在1952年，马科维茨就提出了投资组合理论的基本概念。1964年和1965年，美国著名财务管理专家夏普和林特纳（J. Lintner）在马科维茨的基础上做了深入研究，提出了"资本资产定价模型"（Capital Assets Pricing Model，CAPM）。这一理论的出现标志着财务管理理论的又一飞跃发展。

投资组合理论和资本资产定价模型揭示了资产的风险与其预期报酬率之间的关系，受到投资界的欢迎。它不仅将证券定价建立在风险与报酬的相互作用基础上，而且大大改变了公司的资产选择策略和投资策略，被广泛应用于公司的资本预算决策。其结果导致财务学中原来比较独立的两个领域——投资学和公司财务管理的相互融合，使公司财务管理理论跨入了投资财务管理的新时期。

20世纪70年代后，金融工具的推陈出新使公司与金融市场的联系日益紧密。认股权证、金融期货等广泛应用于公司融资与对外投资活动，推动财务管理理论日益发展和完善。70年代中期，布莱克（F. Black）等创立了期权定价模型（Option Pricing Model，OPM）；罗斯（Stephen Ross）提出了套利定价理论（Arbitrage Pricing Theory，APT）。在此时期，现代管理方法使投资管理理论日益成熟，主要表现在：一是建立了合理的投资决策程序；二是形成了完善的投资决策指标体系；三是建立了科学的风险投资决策方法。

一般认为，20世纪70年代是西方财务管理理论走向成熟的时期。由于吸收了自然科学和社会科学的丰硕成果，财务管理进一步发展成为集财务预测、财务决策、财务计划、财务控制和财务分析于一身，以筹资管理、投资管理、营运资金管理和利润分配管理为主要内容的管理活动，并在企业管理中居于核心地位。1972年，法玛（Fama）和米勒（Miller）出版了《财务管理》一书，这部集西方财务管理理论之大成的著作，标志着西方财务管理理论已经发展成熟。

新中国成立以前，社会经济发展缓慢，始终未形成独立的财务管理工作体系和财务管理学科。新中国成立以后，我国根据计划经济的特点，建立了集中计划管理和统收统支的财务管理体系，它对恢复和发展国民经济曾起到十分重要的作用。但在此体制下，企业财务管理的任务是完成国家下达的计划指标，按计划取得资金和按规定使用资金，无自主筹集资金的必要，也无自主使用资金的权利。企业实现的盈利全部或大部分上缴国家，亏损由国家弥补，财务管理相对薄弱。改革开放以后，国家对经济工作十分重视，对财务管理体制实施了一系列的改革措施，企业理财的自主权逐渐加强。随着改革开放的逐渐深入，我国建立了社会主义市场经济体制，国家主要通过间接的调控手段对经济进行调节和管理，国家宏观调控下的市场在资源配置方面起基础性作用。企业直接面向市场，成为自主经营、自负盈亏、自我积累、自我发展的独立商品生产的经济实体。这样的变革，为企业自主理财创造了可能性。随着社会主义市场经济的深入发展，竞争日益激烈，财务管理已经成为促进我国经济发展的重要手段，财务管理在企业管理中的战略地位日益明显，受到极大的重视。

（三）财务管理的发展趋势

从财务管理的发展趋势可以看出，财务管理学科还处在不断变化和日趋完善中。我们认为，企业财务管理进入了深化发展的新阶段，并正朝着国际化、精确化、电算化、网络化方向发展。

1. 通货膨胀财务管理一度成为热点问题

20世纪70年代和80年代初期，西方世界普遍遭遇了旷日持久的通货膨胀，价格不断上涨，严重影响到公司的财务活动。大规模的持续通货膨胀导致资金占用迅速上升，筹资成本随利率上涨，有价证券贬值，企业融资更加困难，利润虚增，资金流失严重。严重的通货膨胀给财务管理带来了一系列前所未有的问题。20世纪70年代末和80年代早期，西方各国开展了关于通货膨胀条件下怎样进行有效财务管理的研究工作。严酷的经济现实迫使企业财务政策日趋保守，财务管理的任务主要是对付通货膨胀。21世纪一旦发生严重的通货膨胀，通货膨胀财务管理仍将大行其道。

2. 国际财务管理成为现代财务学的分支

伴随现代通信技术和交通工具的迅速发展，世界各国的经济交往日益密切，企业不断朝着国际化和集团化的方向发展，国际贸易和跨国经营空前活跃。在新的经济形势下，财务管理理论的注意力转向国际财务管理领域。从20世纪80年代中后期开始，进出口贸易融资、外汇风险管理、国际转移价格、国际投资分析、跨国公司财务业绩评估等，成为财务管理研究的热点，并由此产生了一门新的财务学分支——国际财务管理。随着21世纪经济全球化时代的到来，国际财务管理将更加得到重视和发展。

3. 财务风险问题与财务预测、决策数量化受到高度重视

20世纪80年代中后期，拉丁美洲、非洲和东南亚地区发展中国家陷入了沉重的债务危机，苏联和东欧国家政局动荡、经济濒临崩溃，美国经历了贸易逆差和财政赤字，贸易保护主义一度盛行。这一系列事件导致国际金融市场动荡不安，企业面临的投融资环境具有高度不确定性。因此，企业在其财务决策中日益重视对财务风险的评估和规避，其结果是效用理论、线性规划、对策论、概率分布、模拟技术等数量方法在财务管理工作中的应用与日俱增。

4. 网络财务管理是 21 世纪企业财务管理的发展方向

20 世纪 60 年代以来，随着数学方法、应用统计、优化理论与电子计算机等先进方法和手段在财务管理中的应用，企业财务管理理论发生了一场"革命"，财务分析向精确方向飞速发展。80 年代诞生了财务管理信息系统，90 年代中期以来，计算机技术、电子通信技术和网络技术发展迅猛。随着 21 世纪网络时代的到来，财务管理的一场伟大革命——网络财务管理，已经悄然到来。

第二节　财务管理的目标

企业财务管理目标是指通过企业财务管理的融资和投资等活动所要达到的根本目的。在现代财务管理的理论体系及理财实践活动中，财务管理目标是一个逻辑起点，决定着财务管理各种决策的选择方向，是企业各种理财决策的标准。科学的理财目标，有助于企业日常理财的规范化，有利于科学理财理念的树立，有助于提高企业的理财效率并支持企业可持续发展能力。

一、财务管理目标的基本观点

关于财务管理目标的综合表述，主要有以下四种观点。

（一）利润最大化

这种观点认为，利润代表了企业新创造的财富，利润越多则说明企业的财富越多，从而使社会财富实现最大化。

但是，以利润最大化为目标存在着以下的不足或缺陷。

一是概念模糊不清。利润有许多定义，譬如是指会计利润还是经济利润？是计量民间利润还是社会利润（包含对社会各方面而不仅是对所有者的影响）？是使短期利润最大化还是使长期利润最大化？

二是忽略了所获货币的时间差异。这种差异因货币的时间价值而显得非常重要。利润最大化没有明确区别今天所获得的 1 元和未来（如 1 年后的今天）所获得的 1 元。当成本和利益随着时间（如若干年）延续发生时，利润的计量无法恰当地调整时间差异对价值的影响。

三是忽略了不同方案之间的风险差异。当就两个报酬相同而风险不同的方案进行选择时，大多数人都会选择风险较低的方案。这就使低风险方案更有价值，而利润最大化却无视这种价值上的差异。

四是没有考虑投入与产出之间的关系,当就两个报酬相同而投资额不同的方案进行选择时,人们通常会选择投资少的方案,这就使低投资方案更有价值,而利润最大化则不考虑这种投资上的差异。

(二) 每股盈利或净资产收益率最大化

每股盈利是税后净利与发行在外的普通股股数之比,净资产收益率是指税后净利与所有者权益的比率,它们是同一含义指标的不同表达形式。这两个指标是利润最大化目标的演进。同利润最大化相比,每股盈利的高低取决于税后净利润的高低,并且考虑了所获利润同所投入资本之间的比例关系。但它与利润最大化目标一样,仍然没有考虑每股盈利取得的时间差异,没有考虑每股盈利的风险差异。

(三) 股东财富最大化

股东财富最大化是指企业应以达到股票的市价最高为目的。这种观点认为,股东创办企业的目的是扩大财富,他们是企业的所有者,企业价值最大化就是股东财富最大化。但是股东财富最大化不一定是企业价值最大化。在财务管理中,股票的市价是投资者根据企业未来的现金流量对股票所做的价值估量,反映了货币的时间价值;股票的市价与风险成反比,投资者所冒风险越高,投资收益越不稳定,要求的报酬率就越高,股票的价值就越低,反映了投资的风险价值。

但是,按照现代经济理论,股东财富最大化不能成为理想的企业财务目标。首先,股东财富最大化的目标忽略了企业其他相关方面的利益,企业是利益相关人的集合体。其次,在契约参与的其他方利益固定的前提下,以"股东财富最大化"为财务目标并不能保证实现"社会财富最大化"。如果以股东财富最大化作为唯一追求的目标,将会导致企业做出种种损伤社会财富的行为,比如削减工资以增加股东财富,恶意兼并其他企业以降低员工成本或逃避国家税收等。最后,以股票市价最大化作为理财目标实际上很难普遍采用。上市的股份公司在全部企业中只占极少一部分,而且即使是上市公司的股票市价也要受多种因素包括非经济因素的影响,不是总能反映企业的经营业绩并准确体现股东财富的。

(四) 企业价值最大化

企业价值是指企业未来现金净流量按照企业要求的必要报酬率计算的总现值,也是企业的市场价值。企业价值取决于企业未来创造的现金净流量、企业要求的必要报酬率和企业存续时间等因素,在理论上它等于企业股东的价值与债务的价值之和,即金融化的资产价值。以企业价值最大化作为企业理财的目标，是现代企业发展的必然要求。它具有与相关利益者利益的一致性，保证企业战略发展的长期性，考虑了收益取得的时间差异性及投资的风险性等特征。

企业的价值，在于它能给所有者带来未来的报酬，给利益相关者创造财富。如同商品的价值一样，企业的价值只有投入市场才能通过价格表现出来。

我国企业按出资者的不同，可分为三类，其价值如下。

第一类是独资企业，只有一个投资者，对企业债务负无限责任，企业的价值是出资者出售企业可以得到的现金。

第二类是合伙企业，有两个以上的出资者（合伙人），合伙人对企业债务负连带责任，该企业的价值是合伙人转让其财产份额可以得到的现金。

第三类是公司企业，依照《中华人民共和国公司法》（简称《公司法》）设立，分为有限责任公司和股份有限公司，均为企业法人，并对企业债务负有限责任。有限责任公司有1~50个出资者（股东），该企业的价值是股东转让其股权可以得到的现金，其中的国有独资公司只有一个出资人即国家授权投资的机构或部门，该企业的价值是出售该企业可以得到的现金。股份有限公司的股东在5人以上，该企业的价值是股东转让其股份可以得到的现金。总之，企业的价值是其出售的价格，而个别股东的财富是其拥有的股份转让时所得到的现金。

二、财务管理目标协调

企业的理财目标是企业价值最大化，但是由于公司制企业的各利益主体包括股东、经营者、债权人等经济人，具有独立的经济利益，利益的冲突使得企业不会自行沿着企业价值最大化的轨道运行。如何解决他们之间的利益冲突，成为当代经济学的前沿问题，即代理经济学。

代理理论是由著名经济学家迈克尔·詹森（Michael C. Jensen）和威廉·麦克林（William H. Meckling）于1796年提出的。代理理论阐明了企业存在的两种主要代理关系之间的问题，即债权人与股东之间的代理冲突及协调，股东与经营者之间的代理冲突及协调。

（一）股东和经营者财务目标的代理冲突与协调

股东和经营者的代理冲突源于在自利行为的假设下，股东与经营者目标的不一致性。股东的目标是实现股东财富最大化，而经营者的目标是报酬和所获得的非金钱利益最大化。非金钱利益包括经营者的职务消费，如增加闲暇时间、公款旅游、公款消费等。经营者消费的非金钱利益牺牲的是企业价值，经营者的非金钱消费动机越强烈，股东价值损失越大。

为了防止经营者背离股东目标，一般有两种方法——监督和激励。

1. 监督

经营者背离股东目标，其条件是双方的信息不一致，主要是经营者了解的信息比股东多，避免"道德风险"和"逆向选择"的出路是股东获得更多的信息，对经营者进行监督，在经营者背离股东目标时，减少其各种形式的报酬，甚至解雇他们。

但是，全面监督在实际上行不通。股东是分散的或者是远离经营者的，得不到充分的信息，经营者比股东有更大的管理优势，比股东更清楚什么是对企业更有利的行动方案，全面监督管理行为的代价是很高的，很可能超过它所带来的收益。因此，监督受到合理成本的限制，不可能实施监督，虽然监督可能减少经营者违背股东意愿的行为，但不能解决所有问题。

2. 激励

防止经营者背离股东利益的另一出路是采用激励薪酬计划，使经营者分享企业增加的财富，鼓励他们采取符合企业最大利益的行动。例如，企业盈利率提高或股票价格提高就给经营者以现金、股票奖励。支付报酬的方式和数量的多少，有多种选择。例如，报酬过低，不足以激励经营者，股东不能获得最大利益；报酬过高，股东付出的激励成本过大，也不能实现自己的最大利益。因此，激励可以减少经营者违背股东意愿的行为，但也不能解决全部问题。

通常，股东可以同时采取监督和激励两种办法来协调自己和经营者的目标。尽管如此，经营者仍有可能不完全按股东的意愿行动，他们仍然可能采取一些对自己有利而不符合股东最大利益的决策，并由此给股东带来一定的损失。监督成本、激励成本和偏离股东目标的损失之间此消彼长，相互制约。股东要权衡轻重，力求找出能使三项之和最小的解决办法，它就是最佳的解决方案。

（二）股东和债权人财务目标的代理冲突与协调

企业第二个代理问题是股东与债权人之间存在的利益冲突，两者利益冲突的根源在于他们对企业现金流量的要求权不同。企业的债权人将资金贷放给企业时要求企业承担按期支付利息和偿还本金的责任。债权人所取得的利息和收回的本金是固定数额，当企业获得的收益足以偿付债务后，剩余的收益均归属股东。所以股东常常要求企业经理利用借款来进行投资以增加其财富。股东为了自身利益而损害债权人利益，其方式不外乎有两种。

其一，股东通过企业管理层促使企业投资新的商业项目，而这类商业项目的风险比债权人预期的要大。如果高风险的计划侥幸成功，超额的利润归股东独占；如果计划不幸失败，企业无力偿债，债权人将与股东共同承担由此造成的损失。

其二，股东为了提高企业的利润，不征得债权人同意而迫使管理层发行新债，致使旧债务的价值下降，使旧债权人蒙受损失。这是因为企业增加新的债务，破产的可能性就会增加，减少了对现有债务的破产保护力度。

债权人为了防止其利益被损害，除了寻求立法保护，如破产时优先接管，优先于股东分配剩余财产等外，通常可以采取以下措施。

第一，在借款合同中加入限制性条款，如规定资金的用途，规定不得发行新债或限制发行新债的数额等。

第二，发现企业正在以损害债权人利益为代价增加股东财富时，拒绝与企业进一步合作，或者提前收回贷款，或者要求一个比正常收益率更高的利率以补偿可能造成的损失。

（三）企业目标与社会责任

企业目标与社会目标在许多方面是一致的。企业在追求自己的目标时，或多或少都会使社会受益。例如，企业为了生存，必须要生产出符合顾客需要的产品，满足社会的要求；企业为了发展，要扩大规模，自然会增加员工人数，解决社会就业问题；企业为了获利，必须提高劳动生产率，改进产品质量，改善服务，从而提高社会生产效率和公众的生活质量。

但企业目标与社会目标也有矛盾的一面。企业履行社会责任，会导致企业在一定时期内经营成本增加，减少企业当期的盈利，削弱企业的竞争能力，如履行政府环境保护的要求会产生环境投资，增加员工福利也会增加企业的成本。正因如此，从股东的角度考察，成本的增加减少了股东享有的剩余收益，为降低成本，企业有可能会采取逃避社会责任的行为。

股东只是社会的一部分人，他们在谋求自己利益的时候，不应当损害他人的利益。国家要保护所有公民的正当权益。为此，国家曾颁布了一系列保护公众利益的法律，如《中华人民共和国公司法》《中华人民共和国反不正当竞争法》《中华人民共和国环境保护法》《中华人民共和国民法典》《中华人民共和国消费者权益保护法》《中华人民共和国产品质量法》等，通过这些法律调节股东和社会公众的利益。

一般来说，企业只要遵守这些法规，在谋求自己利益的同时就会使公众受益，但是法律不能解决所有问题，况且目前我国的法制尚不健全，企业有可能通过法律漏洞从事不利于社会的事情。因此，企业还应受到商业道德的约束，要接受政府有关部门的行政监督，以及社会公众的舆论监督，以进一步协调企业和社会的矛盾。

第三节 财务管理的环境

企业的财务管理环境又称理财环境,是指对企业财务活动产生影响作用的企业外部条件。财务管理环境是指企业财务决策难以改变的外部约束条件,企业财务决策更多的是适应它们的要求和变化。财务管理环境涉及的范围很广,其中最重要的是金融环境、经济环境和法律环境。

一、金融市场环境

金融市场是指资金供求双方交易的场所。广义的金融市场,是指一切资本流动的场所,包括实物资本和货币资本的流动场所。广义的金融市场的交易对象包括货币借贷票据的承兑和贴现、有价证券的买卖、黄金和外汇的买卖、办理国内外保险、生产资料的产权交换等。狭义的金融市场一般是指有价证券市场,即股票和债券的发行和买卖市场。

金融市场对企业理财具有重要的意义。首先,金融市场是企业筹资的场所。企业在符合有关法律规定的条件下,经过批准以发行股票债券的方式筹集资金,也可以将企业的资金投放于有价证券,或者进行与证券相关的其他财务交易。其次,企业通过金融市场实现长期资金与短期资金的相互转化。企业所持有的长期股票和债券投资,随时可以通过出售有价证券使其转化为短期资金;同理,企业的短期资金也可能通过购买股票、债券而转化为长期投资。长、短期资金的相互转化,在理财上从属于企业资产收益性与流动性的关系的有效处理问题,从属于企业经营发展战略。最后,由金融市场传递的信息,有助于企业进行财务管理的决策。

(一) 金融市场的分类和组成

1. 金融市场的分类

从不同角度对金融市场进行分类,金融市场可以分成以下四种。

(1) 按交易的期限划分为短期资金市场和长期资金市场。短期资金市场是指融资期限不超过一年的资金交易市场,因短期有价证券易于变成货币或作为货币使用,所以也叫货币市场。长期资金市场是指融资期限在一年以上的股票和债券交易市场,因为发行股票和债券主要用于固定资产等资本货物的购置,所以也叫资本市场。

(2) 按交割的时间划分为现货市场和期货市场。现货市场是指买卖双方成交后,当场或几天内买方付款、卖方交出证券的交易市场。期货市场是指买卖双方成交后，在双方约定的未来某一特定的时日才交割的交易市场。

(3) 按交易的性质分为发行市场和流通市场。发行市场是指从事新发行的证券等金融工具买卖的转让市场，也叫初级市场或一级市场。流通市场是指从事已上市的旧证券或票据等金融工具买卖的转让市场，也叫次级市场或二级市场。

(4) 按交易的直接对象分为同业拆借市场、国债市场、企业债券市场、股票市场、金融期货市场等。

2. 金融市场的组成

金融市场由主体、客体和参加人组成。主体是指银行和非银行金融机构，它们是金融市场的中介机构，是连接筹资人和投资人的桥梁。客体是指金融市场上的买卖对象，如商业票据、政府债券、公司股票等各种信用工具。金融市场的参加人是指客体的供给者和需求者，如企业、事业单位、政府部门和城乡居民。

(二) 金融机构

我国金融机构按其地位和功能大致可分为：代表政府管理全国金融机构和金融活动的中国人民银行；由政府设立，以贯彻国家产业政策、区域发展政策为目的，不以营利为目的的政策性银行，包括国家开发银行、中国农业发展银行及中国进出口银行；以经营存款、放款、办理转账结算为主要业务，以营利为主要经营目的的商业银行；非银行金融机构，包括保险公司、城市和农村信用合作社、信托投资公司、证券交易所、证券公司、投资基金管理公司、财务公司、金融租赁公司等。

(三) 金融性资产的特点

金融性资产是指现金和有价证券等可以进入金融市场交易的资产。其具有如下属性。

1. 流动性

流动性是指金融性资产能够在短期内不受损失地转变为现金的属性。流动性高的金融性资产的特征是：①容易兑现；②市场价格波动较小。

2. 收益性

收益性是指金融性资产获取收益的能力的属性。

3. 风险性

风险性是指不能恢复其原投资价格的可能性。金融性资产的风险主要有违约风险和市场风险。违约风险是指由于证券的发行主体破产而导致的永远不能偿还的风险；

市场风险是指由于投资的金融性资产的市场价格波动而产生的风险。

上述三种属性的关系是：资产的流动性与资产的收益性成反向变动，收益性与风险性相均衡，即流动性越强的资产，风险越小，其收益性越低；反之则风险越大，收益性越高。

（四）金融市场上利率的决定因素

在金融市场上，利率是进行资产交易的价格。一般而言，金融市场上资金的购买价格，可用下式表示：

利率＝纯粹利率＋通货膨胀附加率＋变现力附加率＋违约风险附加率＋到期风险附加率

1. 纯粹利率（Pure Rate of Interest）

纯粹利率是在无风险、无通货膨胀情况下的平均利率，亦称为无风险报酬率。没有通货膨胀情况下的国债利率，可以作为纯粹利率。纯粹利率的高低主要受社会平均利润率、资金供求关系和国家宏观调控的影响。社会平均利润率是决定纯粹利率高低的一个基本因素，利率的高低依附于社会平均利润率的高低。资金供过于求时，利率下降；资金供不应求时，利率上升。政府为抑制经济发展过热，有可能削减资金的供应，从而使利率上升；反之，为刺激经济发展，政府有可能增加货币供应，从而使利率下降。

2. 通货膨胀附加率（Inflation Premium Rate）

通货膨胀会造成货币贬值，投资者的真实报酬率下降。因此，为了补偿因通货膨胀所造成的货币贬值损失，投资者会因承担通货损失而要求相应的、在纯粹利率基础上增加的一种附加报酬，即通货膨胀附加率。

3. 变现力附加率（Liquidity Premium Rate）

资产的变现力是资产以合理的价格转化为现金的能力。不同证券的变现力是不同的，对于预期难以以合理的价格转化为现金的变现能力风险，投资者要求相应的补偿，即变现力附加率。

4. 违约风险附加率（Default Risk Premium Rate）

违约风险是投资者承担的债务人到期无法还本付息的可能性。违约风险越大，投资者要求的报酬率就越高。违约风险与债务人的经营及财务状况有关，经营不善导致的企业财务状况不佳的债务人，到期不能清偿债务本金和利息的可能性越大，违约风险就越大。由信用评定机构根据债务人的经营与财务状况所确定的信用等级，代表了违约风险的大小，信用等级越低，违约风险就越高。

5. 到期风险附加率（Maturity Risk Premium Rate）

到期风险是指因到期时间长短不同而形成的利率变动的风险。一般而言，到期时间越长，利率变化的可能性就越大，利率变动导致证券价格波动，从而使投资者蒙受损失的可能性增大。如果利率上升，长期债券的价值下降，投资者会遭受损失。到期风险附加率就是对投资者承担利率变动风险的一种补偿。

一般而言，因受到期风险的影响，长期利率会高于短期利率，但有时也会出现相反的情况，这是因为进行短期投资，会承担再投资风险。再投资风险是指短期债券投资者在债券到期时，由于市场利率下降，难以找到当初相当于长期债券投资获利水平的投资机会，这种风险称为再投资风险。当再投资风险大于到期风险时，即预期市场利率持续下降，人们都在寻找长期投资机会时，可能会出现短期利率高于长期利率的现象。

对于企业理财而言，准确地预测利率的变动趋势是非常必要的。在预期利率上升时，企业应使用长期资金；在预期利率下降时，企业应使用短期资金，以降低利息成本负担。由于对利率趋势的预测较为困难，企业根据利率的变动使用资金的一种替代形式，就是合理确定长短期资金的结构，使企业在任何利率环境下，都不会遭受重大损失。

二、经济环境

这里所说的经济环境是指企业进行财务活动的宏观经济状况。财务管理作为一种微观经济管理活动，与其所处的宏观经济环境密切相关，这些宏观环境主要包括以下三点。

（一）宏观经济运行周期

市场经济条件下，宏观经济的发展呈现出周期性的变化。宏观经济的周期性变化可通过反映宏观经济的有关统计指标表现出来，如国内生产总值（GDP）、消费总量、投资总量、失业率等，其中GDP是衡量宏观经济综合性最强的指标。因此，经济周期变化通常用GDP的系列统计指标表示。宏观经济运行周期一般会经历萧条、复苏、繁荣、衰退四个阶段。

宏观经济运行周期影响企业的经营及理财对策。在萧条阶段，经济明显萎缩，降至低谷，百业不振，企业经营状况不佳影响到企业财务状况，企业股票市场价格徘徊不前，投资者对企业的投资信心受挫。企业可采取的对策有：建立投资标准、尽力保持市场份额、放弃次要利益、削减管理费用、削减存货、裁减雇员、采取稳健的收益分配政策以储备现金等，尽力维持企业的生产经营能力。在复苏阶段，宏观经济从经济周期的谷底逐步回升，企业经营状况开始好转，业绩上升，投资者对企业投资的信心逐渐增强，企业财务状况趋于好转，资信能力有所提高。企业可采取的对策有增加存货、劳动力，增加厂房设备等。在繁荣阶段，经济迅速增长，达到周期的高峰，企业的经营业绩也在不断上升，财务状况良好，投资者的投资信心大为增强，证券价格大幅上扬。此时，企业可采取的对策有：进一步扩充厂房设备投资，增加存货、提高销售价格，以增加公司未来的现金净流量。在衰退阶段，经济的发展从周期的顶峰逐步回落。企业可采取的措施有：停止扩张、出售多余设备、停产不盈利产品、停止长期采购、削减存货、停止增加雇员等。

宏观经济运行周期影响企业负债的承受能力。一般而言，经济萧条阶段，企业对于负债的承受能力相对较低，此时企业应削减债务的规模，防止企业因资产的流动性的降低而导致财务危机。同时，资产流动性的降低，可能会导致企业利用较多的流动负债，但不排除个别效率良好的企业基于投资时机的掌握，而举借大量的长期债务。经济复苏阶段的利率较低，为有效发挥负债的财务杠杆作用，此时是企业提高负债比率的良好时机。因此，长期债务的比例会有所升高。经济繁荣阶段，企业积极扩张，会出现债务与权益投资并重的情况。经济衰退阶段，市场需求萎缩、库存增加、供给过剩，商品期货价格随之降低，企业应及时减少负债比率。

宏观经济运行周期影响证券市场价格。证券市场价格是宏观经济发展的"晴雨表"，随着宏观经济周期由萧条、复苏、繁荣到衰退周而复始地变化，证券的市场价格也会经历徘徊、上升、大幅上扬、回落等阶段，把握经济运行周期对证券价格的影响，才能够制定正确的有价证券投资策略。

（二）宏观经济政策

当代市场经济中，为保证整个宏观经济良性运行，政府主要通过货币政策和财政政策来对经济进行宏观调控。根据宏观经济运行状况的不同，政府可采取扩张的或紧缩的货币政策和财政政策，以促使经济健康稳定地发展，保持价格总水平的稳定，实现充分就业。这些宏观经济政策的调整对企业财务管理的影响是直接的。在企业理财中，必须根据不同时期国家对宏观经济的调整对企业理财的影响，而采取相应的对策。

1. 货币政策的调整会直接、迅速地影响企业的筹资与投资

中央银行贯彻货币政策、调节信贷和货币供应量的手段主要有：①调整法定存款准备金；②再贴现政策；③公开市场业务。当国家为了刺激经济的发展，防止经济衰退而实行扩张性货币政策时，中央银行就会通过降低法定存款准备金率、降低中央银行再贴现率或在公开市场买入国债的方式来增加货币供应量，扩大社会的有效需求。当经济持续高涨，通货膨胀压力较重时，国家会采取相反的方式紧缩货币供应量，以实现社会需求与供给的平衡。

中央银行实行的货币政策对企业理财的影响有三个方面。①利率的调整通过影响

投资者要求的必要报酬率（资本成本）影响企业理财。利率提高时，投资者要求的报酬率提高，融资成本升高，股票价格下跌，企业价值相对下降，此时，企业对投资机会必须要求更高的报酬率；利率下降时，投资者要求的必要报酬率下降，融资成本降低，股票价格上升，企业价值相对增长，是企业投资的良好时机。当企业预计到未来利率上升时，一般通过发行长期固定利率债券进行融资；当企业预计到未来利率下降时，一般发行短期债券进行融资，以降低企业的利息负担。②当货币供应量增加时，企业筹集资金相对容易，证券市场价格上扬。在货币供应量增加的初期，是企业进行短期证券投资的良好机会。反之，当货币供应量下降时，企业筹集资金相对困难，证券市场价格也下降。③中央银行在市场上公开买进证券时，对证券的需求增加，促使证券价格上涨。由于此时证券投资者的增加，正是企业发行股票、债券等进行融资的良好时机。

2. 财政政策的调整对企业理财具有持久而较为缓慢的影响

财政政策是通过财政收入和财政支出的变动影响宏观经济活动水平的经济政策。财政政策的手段主要包括改变政府购买水平、改变政府转移支付水平和改变税率。当经济增长持续放缓、失业增加时，政府要实行扩张性财政政策，增加财政性支出，提高政府购买水平，提高转移支付水平，降低税率，以增加总需求，解决衰退与失业问题。当经济增长强劲、通货膨胀严重时，政府要实行紧缩性财政政策，降低政府购买水平，降低转移支付水平，提高税率，以减少总需求，抑制通货膨胀。

当政府奉行扩张性财政政策时，财政支出增加，财政收入相对减少，政府购买水平提高，从而导致社会需求的增加。增加对道路、桥梁、港口等非竞争领域的投资，从而直接增加相关产业的投资，提高相关产业的需求，促进其他产业以成熟的方式发展；改变政府转移支付水平，如增加社会福利、增加为维持农产品价格对农民的拨款等，提高一部分人的收入水平，间接促进企业利润的增长；税率的调整直接影响企业的收益水平。扩张性的财政政策将导致企业的市场需求扩大，现金流量增加，创造企业的投资机会，企业的生产经营业绩上升，这时是企业增加企业价值的良好时机。紧缩性的财政政策对企业的影响正好与扩张性财政政策的影响相反。

政府财政政策与货币政策的传导机制不同。财政政策是通过控制政府的财政收入与财政支出，通过企业的投入与产出来影响总需求的。这与通过调节信贷和货币供应量影响总需求的货币政策具有明显的区别，财政政策传导过程比较长，因此，对企业财务管理具有缓慢而持久的影响。

3. 汇率政策的调整影响企业理财

汇率的高低将影响资本的国际流动，也会影响本国的进出口贸易。汇率上升时，本币贬值，本国产品的竞争能力增强，出口型企业将受益，现金净流量将会增加，但进口企业将多支付本币，发生损失。汇率下跌的情形与此相反。

汇率的上升导致本币贬值，将导致资本流出本国，证券市场价格下降；反之，汇率下跌，则资本流入本国，本国的投资增加，证券市场价格上升。

（三）通货膨胀

通货膨胀不仅对消费者不利，也会给企业理财带来很大困难。企业对通货膨胀本身无能为力，只有政府才能控制。企业为了实现期望的报酬率，必须调整收入和成本，同时使用套期保值等办法减少损失，如提前购买设备和存货，买进现货、卖出期货等，或者相反。

三、法律环境

财务管理的法律环境是指企业组织财务活动、处理企业与有关各方的经济关系所必须遵循的法律规范的总和。广义的法律规范包括各种法律、法规和制度。财务管理作为一种社会活动，其行为要受到法律的约束，企业合法的财务活动也相应受到法律的保护。企业从事筹资、投资、收益分配活动，必须要遵循有关法律的规定。

影响企业财务管理的主要法规包括以下几种。

（一）企业组织法规

企业组织必须依法成立，组建不同组织形式的企业，必须要遵循相关的法律规范，它们包括《中华人民共和国公司法》《中华人民共和国全民所有制工业企业法》《中华人民共和国外资企业法》《中华人民共和国中外合资经营企业法》《中华人民共和国合伙企业法》等。这些法律既是企业的组织法，也是企业的行为法。在企业组织法规中，规定了企业组织的主要特征、设立条件、设立程序、组织机构、组织变更和终止的条件与程序等，涉及企业的资本组织形式、筹资渠道、筹资方式、筹资期限、筹资条件、利润分配等诸多理财内容的规范，也涉及不同的企业组织形式的理财特征，例如，合伙制企业与独资企业要承担无限债务偿还责任，而公司制企业要承担有限责任。

（二）企业经营法规

企业经营法规是针对企业经营行为所制定的法律规范，包括反垄断、环境保护、产品安全等方面的法规。这些法规不但影响企业的各项经营政策，而且影响企业的财务决策及实施效果，对企业投资、经营成本、预期收益会产生重要的影响。

（三）税收法律制度

企业理财决策要受到税收的直接影响和间接影响。因此，国家税收是企业理财的重要外部环境。税收是国家为实现其职能，强制地、无偿地取得财政收入的一种手段。任何企业都负有纳税的法定义务。税收对财务管理的投资、筹资、收益分配决策都具有重要的影响。在投资决策中，税收是一个投资项目的现金流出量，计算项目各年的现金流量必须要扣减这种现金流出量，才能正确反映投资所产生的现金净流量，进而对投资项目进行估价；在筹资中，债务的利息具有递减所得税的作用，确定企业资本结构也必须考虑税收的影响。

收益分配比例和收益分配方式影响股东个人缴纳的所得税的数额，进而可能对企业价值产生重要的影响。此外，税负是企业的一种费用，在增加企业的现金流入的同时，企业无不希望减少税务负担。企业进行合法的税收筹划，也是理财工作的重要职责。

我国目前的主要税种有按收益额课征的所得税和按流转额课征的增值税、消费税、营业税等。

（四）证券法律制度

证券法律制度是确认和调整在证券管理、发行与交易过程中各主体的地位与权利、义务关系的法律规范。证券法律制度对企业以证券形式进行的筹资与投资、对上市公司信息的披露具有重要的影响。

第四节　财务信息管理与财务管理创新

一、财务信息管理

新的财务通则明确了企业财务信息管理的内容，包括信息化财务管理、企业资源计划、财务预警机制、财务评价和企业内部控制的有效性评价。

（一）信息化财务管理

信息化财务管理指的是借助现代通信网络技术，在企业财务管理模型的基础上，收集企业其他管理模块的信息数据，并对其进行全面的筛选、加工、预测、推断工作。其实质是突破传统财务管理手段，跟上时代潮流，借助网络以及数字化对企业财务信息进行统一的管理和操作，便于企业财务信息可以在内部实时共享，利于企业各部门协同合作。

（二）企业资源计划系统

企业资源计划系统（Enterprise Resource Planning，ERP）是现代企业普遍采用的一种信息化管理工具，这个系统主要与企业业务活动相匹配，全面整合企业的人员、资金、物料等资源，对管理地域没有限制，信息可以高度标准且集中。其主要包括以下几个功能模块：财务会计、管理会计、生产计划管理、物料管理、销售与分销等。

（三）财务预警机制

财务预警机制指的是企业对关键的财务指标进行重点监测，制定财务危机警戒标准，使之能够全面清晰地反映企业财务管理中存在的隐性问题，便于财务管理人员及时有效防范。

（四）财务评价

对企业财务进行评价与分析，可以真实地反映微观经济的运行状况，从而为政府及其有关部门的科学决策提供保障。财务通则严格要求企业财务部门建立完善的财务评价系统，便于对企业的运营情况以及作出的社会贡献进行公正的评价。建立这个评价系统能同时满足微观与宏观管理的需求。

（五）企业内部控制的有效性评价

企业内部控制的有效性评价是指主管财政部门、审计机构或企业管理层制定一套切实可行的评估标准以及方式，适当考核企业内部控制，在考核结论基础上，评判其有效性。针对其有效性进行评估对企业完善控制制度意义深远，是企业生存与发展的基石。

二、财务管理创新

经济全球化、工业 4.0、信息网络等技术正在渗透到人类生活的方方面面，深刻改变着社会经济的发展，能够提供机遇，同时也对企业的经营管理模式和理念带来不小的冲击和挑战，所以财务管理理论和实践创新已经刻不容缓。

通过互联网可以从事网络经济活动，经济模式的改变为企业的运作提供了指导方向，技术变革要求企业变为松散、精简和更加灵活的结构，产品的生产、供应和销售组成一个完整的产业链，企业财务管理功能也不只局限于企业内部。

网络技术的发展，深刻改变了企业的财务信息管理方式，可以更高效地对企业资产进行整合，实时公开共享企业财务信息。信息网络与财务结合而成的网络财务可以帮助企业开发以信息网络为支撑的财务软件，更有利于高效管理财务数据。

电子货币在企业日常经营中已经占据重要地位，尤其是以网络为交易市场的业务活动。电子货币的使用大大降低了企业资金的流通及交易成本，主要用于企业的融资、投资和资产分配活动。要对财务管理实行全面变革，前提是要改变财务管理的环境，因为它是影响财务活动开展的主要原因之一。企业应不断创新，将理论与实践相结合，积极适应环境动态变化。

第一，工业经济和知识经济都是建立理论基础的前提，企业应注重双管齐下，重视二者的联系，全面对企业财务信息进行重构。

第二，利用网络财务进行企业资产理财，注意把网络财务适时、合理、高效地融入资源规划系统。

第三，既要保障财务安全管理，也要做到最大限度地规避风险。

第四，人工智能化已经在许多领域取得不俗成就，财务管理结合智能化将是一个崭新的领域。

第五节　现代财务

要深入探讨财务管理，必须对财务与会计的内涵、外延及其渊源有清晰的认识。本书采用"财务与会计并行"的观点，基于不同角度，对现代财务的基本界定进行简要分析。财务的基本职能是由财务本质决定的最基本的财务功能。下面提到的财务概念，除非特指，均包括会计与财务管理的含义。有时，为行文方便，也提出了"财会"概念，在此界定为"财务与会计"的简称。

一、现代会计的职能及分类

从不同角度分析会计，可对会计本质得出不同的认识，具体包括以下几种：会计是反映和监督物质生产过程的一种方法，是经济管理的工具之一；会计是一个收集、处理和输送有用经济信息的信息系统；会计是通过收集、加工和利用经济信息，以价值活动为对象的经济管理活动。早期的会计包括审计。习惯上，对担任会计工作的专业人员简称为会计，有时把会计作为会计学的同义词。会计是以货币为主要计量单位，运用专业方法，对会计主体经济交易或经济事项进行连续、系统、全面、综合的核算和监督，并参与预测、决策以提供有用会计信息的一种经济管理活动或者经济管理系统。

（一）现代会计的主要职能

我国会计理论界对于会计职能的讨论主要有以下几种观点：①反映说；②反映和监督说或反映和控制说；③反映、监督和促进说；④反映、控制、监督和分析说；⑤反映、控制、评价、预测和决策支持说；⑥反映、分析、核算、监督、预测及参与决策说。现代会计的主要职能有以下几种。

1. 会计核算

会计核算（记账、算账、报账）也称为反映职能，即通过确认、计量、记录、计算、报告，从数量上连续、系统、全面、综合地反映会计主体已经发生或完成的经济活动。这既是会计最基本的职能，也是传统会计的主要职能。为正确、完整地理解会计核算，要把握以下三点。

（1）三大会计资料：①会计凭证，包括原始凭证和记账凭证；②会计账簿，包括总账、明细账（含日记账）与备查账；③财务会计报告，又称财务报告。

（2）四个基本程序和方法：①确认，指会计数据进入会计系统进行记录和报告的程序，主要解决是否进入、何时进入以及按什么金额进入会计的视野，包括初始确认、后续确认和终止确认；②计量，主要解决计量单位和计量属性的问题，具体是指货币计价和成本计算；③记录，主要用借贷记账法通过设置账户、填制凭证和登记账簿完成；④报告，主要是三大会计报表。

（3）五种计量属性：①历史成本；②重置成本即现行成本；③可变现净值即预期脱手价值；④现值即未来现金流量的现值（并非计量属性）；⑤公允价值，指在公平交易中，熟悉情况的双方自愿计量的结果。在可操作时，一般以现行市价即脱手价值确定，在不可操作时，则在双方自愿下，一般用现值技术确定。

这里要指出的是，正如西方会计界流行的说法"会计就是一个计量的过程"，因而，会计计量被认为是会计处理的核心。也正因为如此，有人认为，会计"注重计量，忽略创造"，财务人员只是计分的人，而不是得分的人。19世纪，英国科学家罗德凯文曾经明确地界定了计量与改良的关系，他说："不能计量，则无法改良。"计量本身并不能创造价值，只有当改良发生后，计量的数据才具有实际指导意义。这就告诉我们，财务方面的高层领导不仅仅要关注发生了什么，更要关注可实现的改进措施。

2. 会计监督

会计监督也称为控制职能，是指利用价值指标对经济交易或经济事项进行审查。会计监督具有以下几个特点。

（1）会计的工作主要是对经济交易以及经济事项进行监督处理且处理的方法合理。

（2）会计监督的方法主要是货币计价。

(3) 会计监督主要在单位内部进行。

3. 参与预测、决策

参与预测、决策也称为管理职能，包括预测经济前景、参与经济决策和评价经济业绩等。这是现代会计与传统会计的主要区别。

（二）现代会计的基本分类

1. 按内容划分

现代会计按其内容可划分为财务会计和管理会计。

2. 按会计主体性质划分

现代会计按会计主体性质可划分为企业会计和预算会计。该种分类与提供产品的分类以及会计组成关系如下。

(1) 企业会计：私人物品—全额付费—企业提供。

(2) 预算会计（即政府及非营利组织会计）：公共物品—纯公共物品—不付费—政府提供—政府会计（包括财政总预算会计和行政单位会计）—准公共物品—部分付费—非营利组织提供—非营利组织会计（包括各类事业单位会计）。

我国政府及非营利组织会计的组成体系分为三个部分：一是财政总预算会计；二是行政单位会计；三是各类事业单位会计。其中，事业单位会计具体又分为科学事业单位会计、高校会计、中小学校会计、医院会计和文化事业单位会计等。

二、会计与财务的关系

（一）财务管理与财务会计的一般比较

有关财务管理与财务会计比较的讨论较多，西南财经大学郭晶旭和潘丽莉对二者的主要区别概括得较为完整，主要包括如下几点。

1. 两者的对象及要素不同

财务管理是对企业财务活动及其所体现的关系进行管理，包括企业资金筹集、资产营运、成本控制、收益分配、重组清算等要素；财务会计利用价值形式对企业资金运动的全过程进行反映和监督。

2. 两者的目标及职能不同

一般来说，追求企业价值最大化是财务管理的最终目标。在"决策有用观"的背景下，财务会计的目标是向信息决策者提供有用的信息。会计的基本职能是反映和控制。财务管理是对企业的财务活动直接进行管理，主要职能有计划、组织、指挥、协调和控制。

3. 两者的方法及侧重点不同

财务管理方法侧重于事前的预测、决策、计划和事中的控制与监督；财务会计侧重于对事后经济事项进行反映和监督。

（二）财务管理与管理会计的一般比较

管理会计又称"内部报告会计"，包括成本会计和管理控制系统两大部分，是指以企业现在和未来的经济活动为对象，以提高经济效益为目的，以提供经营管理决策的科学依据为目标而进行的经济管理活动。财务管理是在一定的财务目标下，对资金的来源、资金的使用及耗费、资金营运以及资金收回、分配进行的管理。由此可见，管理会计和财务管理既有联系又存在很大区别。

1. 两者的联系

两者的研究对象均为资金运动。管理会计的研究对象不可避免地与财务管理对象重合。

2. 两者的区别

两者资金运动的层面不同。财务管理主要是一种实体管理。管理会计只是为财务活动的组织及财务关系的处理提供相应的信息。当投资方案确定后，管理会计人员围绕这些方案广泛收集资料，进行预测、决策分析，并据以编制财务预算。

目前，管理会计的内容较多，但最终均与资金活动有关。随着市场经济的发展，财务会计已无法满足企业的需求。目前管理会计的内容在系统地分析整理后均可找到适当的归属。

第六节 财务风险

一、财务风险的定义

对于财务风险，人们有着不同的见解与认识，概括起来可归纳为狭义的财务风险和广义的财务风险。

狭义的财务风险是指企业因使用债务资本而产生的在未来收益不确定情况下由主

权资本承担的附加风险。如果企业经营状况良好，使企业投资收益率大于负债利息率，则获得财务杠杆利益；如果企业经营状况不佳，使企业投资收益率小于负债利息率，则获得财务杠杆损失，甚至导致企业破产，这种不确定性就是企业运用负债所承担的财务风险。

广义的财务风险是指由于外部经营环境及各种难以预计或无法控制的因素影响，在一定时期内，使企业的实际财务收益与预期财务收益发生偏离，从而蒙受损失。它是从企业理财活动的全过程和整体财务观出发界定的财务风险概念。

财务活动与生产经营活动是密不可分的。生产经营的全过程都有可能发生风险，如果仅仅将财务风险定义为不能偿还到期债务而带来的风险，则过于片面。对财务风险的理解，必须从生产经营的全过程，从财务的整体观念出发，并最终联系到财务收益上来。

二、财务风险的分类与评估

（一）财务风险的分类

对于财务风险的内容，人们有着不同的认知与看法，3C框架指出，全面财务风险的内容应该包含出现在整个财务管理全过程中的风险。

1. 按照与财务报告信息披露作用的不同进行分类

（1）与对财务报表、财务管理有重大影响有关的风险。这类风险包括财务战略风险、财务预算风险、合同管理风险、对子公司的控制风险等。

（2）与为生成财务报表提供人力与技术支持有关的风险。这类风险包括人力资源政策风险、计算机信息技术控制风险等。

（3）与财务报表和信息披露内在要求有关的风险。这类风险包括：货币资金风险、采购预付款风险、存货风险、对外投资风险、工程项目风险、固定资产风险、无形资产风险、非货币性资产交换风险、资产减值风险、筹集资金风险、销售预收款风险、成本费用风险、税务筹划风险、外币折算风险、收益分配风险、重组清算风险、担保风险、关联交易风险、资产重组风险、债务风险、或有事项风险、财务会计报告编制风险等。

2. 按照COSO框架进行分类

（1）经营决策风险，是指影响决策的时效、依据和质量等的风险，如预算目标脱离实际、没能以合理的价格取得物资或服务、投资决策失误导致投资失败、产品不能及时适应市场的变化和需求等。

(2) 违反法律法规的风险,是指没有全面执行国家法律、法规和政策规定的风险,如合同条款违法、坐支现金、污染物的排放不符合国家环保规定等。

(3) 财务报告失真风险,是指企业未完全按会计准则、制度等规定组织会计核算和披露信息,导致财务报告在完整性、准确性等方面存在问题的风险,主要包括将资本化的支出费用化或将费用化的支出资本化。例如,会计记录错误(金额、科目、期间错误)、账实不符、产品交接计量错误等。

(4) 资产安全受到威胁风险,是指管理制度不健全或执行不到位,企业实物资产如设备、存货、证券、资金和其他资产的安全受到威胁的风险,如挪用现金,存货毁损被盗,资产处置未经适当的授权导致资产流失。

(5) 营私舞弊风险,主要是指以故意的行为获得不公平甚至非法的收益的风险,如人为调节收入、挪用现金、与审计师合谋篡改审计报告。

(二) 财务风险评估

1. 基于企业经营绩效状况的财务风险评估

企业财务风险通常表现为企业财务状况的恶化和经营成果的降低,其结果将会直接导致企业获利能力、偿债能力、周转能力和成长能力的下降,而企业这四个方面能力的综合即为企业的实际经营绩效。因此,企业财务风险的发生,将最终体现为企业实际经营绩效与经营目标之间出现非预期的负偏差。所以,可以通过对这种负偏差及其偏差程度的分析,即通过对企业实际经营绩效状况的评价及其评价结果的分析,来综合判断企业财务风险是否发生以及财务风险状态的严重程度。

2. 企业财务综合指标回归模型评估

因为企业财务指标是企业生产经营活动效果的最终反映,所以企业财务指标不仅可以反映企业生产经营状况的好坏,同时也可以反映企业财务风险的大小。按此思路,利用经改进后的 Altman 多元线性回归判断模型,从企业多项财务指标中,选出若干项最能代表企业财务状况的关键指标,如营运资金与总资产的比值、累积盈余与总资产的比值、息税后收益与总资产的比值、所有者权益市值与总资产的比值、销售收入与总资产的比值等,并根据其指标重要程度赋予不同的权重,结合不同企业的具体财务数据进行数学处理和回归分析,即可以得出如下形式的企业财务风险评估数学模型:

$$R = 1.2Y_1 + 1.4Y_2 + 3.3Y_3 + 0.6Y_4 + Y_5$$

式中,R——经回归分析得出的企业财务风险程度判断值。

Y_1——营运资金/总资产,该指标主要考察企业资金流动性问题。

Y_2——累积盈余/总资产,该指标主要考察企业的积累能力。

Y_3——息税后收益/总资产,该指标主要考察企业盈利能力。

Y_4——所有者权益市值/总资产,该指标主要考察所有者权益的波动变化程度及社会公众对企业的认知和评价。

Y_5——销售收入/总资产,该指标主要是考察企业的规模、市场占有率,以及企业资产创造销售收入的能力。

三、财务风险的形成因素

(一)外部因素

外部因素主要包括政治因素、经济因素、竞争因素和自然灾害因素。

政治因素,是指影响企业风险中所有与政治有关的部分,如国家政策的调整、外交关系的变化、征收风险等。

经济因素,是指构成企业生存和发展的社会经济状况和国家经济政策,包括经济周期、经济体制、经济发展水平、通货膨胀等因素。

竞争因素,是指竞争给企业带来风险的可能性。

自然灾害因素,是指对企业产生巨大影响的自然现象,如地震、洪水等。

(二)内部因素

内部因素主要包括与筹资活动相关的财务风险、与投资活动相关的财务风险和与营运活动相关的财务风险。

与筹资活动相关的财务风险,是指由于筹集资金而给企业财务成果带来的不确定性。

与投资活动相关的财务风险,是指由于企业投资后,所投资项目不能产生收益或实际产生收益低于预期效益,从而引起的风险。

与营运活动相关的财务风险,是指企业在供产销活动过程中产生的风险,包括采购风险、生产风险、销售风险等。

第二章 大数据的基本理论

第一节 大数据的产生与发展

一、大数据的产生

大数据似乎是一夜蹿红。它在 2012 年"现身",并迅速风靡网络,因此 2012 年也被称为大数据的跨界年。经过多方面的分析,以下三种力量加速了大数据走进大众视野的步伐。

第一,互联网技术的发展,促进许多高端服务企业利用大数据为消费者提供质量更好的服务。

知名社交软件 Meta(元宇宙),即原 Facebook(脸谱网),在利用大数据提供服务方面尤其出色,通过收集、整合信息,为用户推出好友搜索识别功能,智能地提出添加好友等建议,通过用户的好友数量来判定其对该软件的信任程度,两者成正比,且用户好友数量越多,能够使用功能就越多,能够共享的信息就越多,该软件也因此在和同行的竞争中占得先机。

LinkedIn(领英)作为商业社交软件,使用大数据建立应聘人员和招聘企业的关联,该功能省略了猎头公司寻找人才的烦琐程序,求职者和招聘公司都只需进行关键词搜索就可以找到匹配自己需求的信息,直接对接进行沟通。同时,其网站还有交互功能,无形中向潜在的 HR 推荐了自己,认知自己中意的公司。杰夫·韦纳是领英的首席执行官,他在谈到该网站的未来发展时提到一个经济图表,这是一个能实时识别"经济机会趋势"的全球经济数字图表,他表示,实现该图表及其预测能力时所面临的挑战就是一个大数据问题。

从上述案例可看出，大数据为人们的生活、工作等创造了巨大价值；反之，使用大数据创造效益的人在一定程度上加速了大数据时代的进一步发展。

第二，商业投资奠定了大数据发展的雄厚基础。

还是以2012年上市的上述两家公司为例，它们分别在不同的国家证券交易所上市。这些企业的公开上市，使大数据行业开始步入正轨，吸引了巨大的投资数额，这给大数据的发展提供了前所未有的良机。

作为Meta（元宇宙）的早期投资者，加速合伙公司在2011年年底宣布为大数据提供一笔不小的投资。2012年年初，加速合伙公司支出了第一笔投资。著名的风险投资公司格雷洛克合伙公司也针对这一领域进行了大量的投资。

第三，电子商务用户以及依托数据而生的消费产品都对大数据持有乐观态度，希望能够借此获得更优质的使用体验。

我们在网上看电影、买产品——这些已经成为现实。第三方网络零售平台已借助互联网的"东风"，牢牢抓住数据的关联性为用户推荐商品，大力进行推广宣传。那为何这些产品的供应企业却跟不上这个时代潮流呢？举个简单的例子：房屋租赁公司为何不能利用大数据简单高效地决定将哪一栋房屋提供给租房人呢？毕竟，该公司拥有客户的租房历史和现有可用的房屋库存记录。随着新技术的出现，这类公司不仅能够了解到特定市场的公开信息，还能了解到有关会议、重大事项及其他可能会影响市场需求的信息。通过将内部供应链与外部市场数据相结合，公司可以更加精确地预测出可租的房屋类型和可用时间。

同样地，第三方零售平台可以利用供应企业的内部生产数据和外部需求数据等，这样每天都能发现用户需求的变化，且据此制定价格区间，进行自我定位。通过分析产品供应数据以及消费者需求数据等可以总结出畅销产品信息，使平台提升消费者的平均购买量，从而获得更高的利润。所以，商业用户也成了推动大数据发展的动力之一。

总的来说，大数据的产生既是时代发展的结果，也是利益驱使的结果。

二、大数据的发展

2010年12月，美国发布了一份战略报告——《规划数字化未来》，对大数据的重视程度前所未有且已上升到国家发展战略层面。上述报告中罗列了五个挑战，它们共同存在于人类各个科学领域。其中第一个挑战就是数据技术挑战，而如何高效采集、储存、处理、分析、运用数据，是人类要努力学习的关键知识点之一。针对这一点，报告提出了可行性建议：在国家政府部门制定并实施大数据发展战略。美国总统于2012年3月签署并正式发布大数据发展研究计划，筹集了两亿美元的资金，由多个部门联合启动研发，这是20年以来美国第二次启动的科技发展战略部署。白宫科技办公室建立了专业的大数据论坛，鼓励并吸引企业加入论坛进行合作交流。

联合国在2012年7月发布的大数据白皮书，把对大数据的探讨推向了白热化，提出大数据应被合理运用于指导社会发展，进而提高各领域的服务质量。并由此提出建议，由联合国成员国建立专门的实验室，大力挖掘大数据的隐藏价值。

由于大数据技术特点突出，重要性不言而喻，国内外对数据科学的认识已经上升到一定高度。在他们看来，大数据技术即将成为一个新的科学技术，有望与计算机技术并列。2017年，吉姆格雷在演讲时提到数据科学即将成为三大科学领域（实验科学、理论科学、计算科学）之后的又一科学。

我国经济行业以及学术界都迅速响应时代号召，开始投身于大数据，许多重大研究计划，如国家自然科学基金、"973计划"、"核高基"项目、"863计划"等，都把大数据列为专题。我国为了进一步推广大数据研究发展，由计算机学会牵头，特别成立了大数据研究委员会以及研究报告撰写组，并在2013年发布了一部报告白皮书——《中国大数据技术与产业发展白皮书（2013）》。

大数据为社会发展带来不小的挑战，但同时也引发社会各界积极进行技术创新探索。不断壮大的大数据，具有零散数据集群没有的价值和深度含义。有关学者认为，大数据潜在的巨大价值堪比石油，将对未来的社会经济与科学技术带来变革性的深远影响。因此，未来国家提高国际竞争力的一个重要手段是对大数据的掌握与运用，大数据的存在也将激起社会各界对数据资源的激烈竞争。

对大数据的分析、处理和应用对生产生活都有深远影响，意义重大。《大数据时代》这本著作中就运用大数据创造出巨大价值的这一观点列举了许多知名案例，针对大数据的发展提出了许多精彩论点以及指导意见，并认为大数据将彻底改变人类社会。

大数据涉及的行业日益增多，对数据的研究、应用和需求越来越大，因此大数据的发展需要与计算机技术相结合：一是可应用于规模庞大、计算复杂的数据领域；二是这种有机结合从根本上突破了传统计算技术瓶颈，对计算机领域的计算体系、应用系统、编程技术等应用技术产生了广泛而深刻的影响；三是这两者的结合同时也催生了许多有价值的热点争议。同时，大数据技术的发展为传统计算机技术带来多方面的挑战：一是数据处理时效性无法保障，传统的串行化计算方式虽对小数据集简单有效，但计算完成时间远远不及大数据算法；二是算法有效性降低，大数据的某些特征会对传统计算工具产生负面影响，使其数据算法有效性大大降低。因此，陆奇博士曾在2012年发表报告提出现有的机器学习算法应跟上大数据步伐，进行算法重写。

大数据的快速发展，虽然存在巨大潜在挑战，但也为社会的发展提供了机遇。现阶段不论是国内还是国外，大数据技术的从业者缺口巨大，尤其是企业，人才缺口巨大。相关研究报告指出，未来 10 年内，大数据带来的变革影响巨大，但大数据专业人才数量的增速却缓慢，二者之间的增长不同步。因此，对大数据技术人才的培养和应用都是未来大数据发展的关键要素。

第二节　大数据的定义与特点

一、大数据的定义

现代信息技术发展迅速，网络对人类生活的影响无须赘述，以媒体为平台的数据量与日俱增，依托于移动网络的各种数据出现井喷式增长。不同于传统的以经验或主观判断为主导的决策方式，当代社会不论是企业、医疗卫生还是其他各个领域，都依赖于数据做出分析及决策。大数据是近年来科学研究的核心所在，其已成为信息时代新阶段的标志，是大型信息系统和互联网的产物，是实现创新驱动发展战略的重要机遇。大数据的出现及普及，对社会治理框架、国家政治模式、企业的经营管理、教育的推广普及以及个人的生产生活都有深远影响。

一个名叫 Gartner 的研究机构对大数据进行了简单定义：大数据（Big Data）指的是各种各样的、海量的、变化速度超快的信息资产的汇总，它的意义在于为各个领域提供解决问题的创新方法，使决策更符合客观实际，且程序更简单高效。

站在认识论的角度，科学催生了大数据。大数据诞生于人类对科技领域的研究。一个大型强子对撞机在 2008 年启动运行，当时其数据量已经达到每年 25 PB，2020 年全面建成后达到每年 200 PB，这是大数据这一概念的最初源头。建立对撞机的目的是从人类基因组中测定 30 亿对碱基的遗传密码。在对单个基因组进行测定时，数据量已经达到每年 13 PB。这个计划开展以后，学术界受到极大启发，采集了来自不同物种、不同生活背景以及患有不同疾病的群体的基因进行遗传密码测序，这一数据汇总后庞大到惊人，甚至达到了 1 PB 的百万倍，由此大数据概念诞生。

传统哲学认识论是以人为主体，而在大数据背景下的认识论主体发生了分化，即认识论主体的意向方和实施方分离，意向方仍然是人类，而实施方则由人类变成了机器，意向方和实施方各自承担着自己的需求职责，认识的动机和目的也发生了相应的变化，任何人只要关注对自己有用的信息即可，而机器提供可视化分析，形成需要利用外部工具捕获大数据的特征。

大数据的存在是为了在庞大的数据中找出各类事物之间的关联，从而通过蛛丝马迹寻找其中的规律，再利用这些联系与规律，对过去发生的现象进行解释，对未知的事物进行推测，从而科学准确地弥补传统因果规律的缺陷。通过对大数据的分析能预测未来，但作为认识论主体意向方的人类只关注预测的结果，而忽视了预测的解释，这就造成预测能力强、解释能力弱的局面。

大数据模型在根本上区别于统计建模。第一，两者在地位上有较大差距，前者是数据研究中的主角；而后者则是配角，主要担任经验、理论研究的检测。第二，两者属于不同的数据类型，大数据模型包含的是类型多样、质量不一的数据量庞大的数据；统计建模所含数据是经过多次精心的实验后取得的高质量数据。第三，两者有不同的建模过程，大数据模型是由庞大的数据量决定的，没有明确的目标变量；统计建模是预先确定研究内容和目标变量而建立的。第四，两者有不同的建模驱动，大数据模型是由数据驱动，追求可更新的数据模型；统计建模是在设计基础上用数据驱动验证从而确定模型是否合理。

大数据必将是一场新的技术信息革命，我们有理由相信未来人类的生活、工作也将随大数据技术的发展而产生革命性的变化。

二、大数据的特点

从种类与繁杂的庞大数据中寻找规律，总结新知识，是大数据发挥作用、提供价值的关键。经过对海量数据进行分析处理，获得的新数据便是进行问题分析的基点，为解决具体问题提供数据支撑，最终找到数据内部隐藏的规律或者知识，从而体现数据的真正价值。大数据的分析技术必须紧密围绕大数据的特点，只有这样才能确保从海量、冗杂的数据中得到有价值的信息。

维克托·迈尔·舍恩伯格及肯尼斯·库克耶编写的《大数据时代》中，大数据有四个特点，总结为 4V：Volume（大量）、Velocity（高速）、Variety（多样）、Value（价值）。具体来讲，大数据具有如下特点。

（一）数据体量巨大

规模达到 10240 GB（即 10 TB）以上数据量的称为大数据，以下三点是如此庞大的数据量产生的原因：第一，使用仪器多样化，数据量就可以使用户认识更多事物；第二，通信工具使用白热化，人机交流、机器对机器的交流方式的出现，使通信数据翻倍增长；第三，科技成本降低，集成电路大批量生产，使电子产品都能具备智能模块，这些智能模块在使用过程中依赖或产生大量的数据存储。

（二）流动速度快

数据的流动速度一般是指处理数据的速度。计算机的数据处理规模已经达到 PB

级，数据的动态变速大到普通系统难以捕捉处理。因此大数据形成了流式数据这一特征。

（三）数据种类繁多

市场上出现了各式各样的传感器以及智能电子设备，社交网络快速普及，使数据种类复杂化，除了传统的关系数据，它还包括未经过加工的、没有结构的数据类型，它们通常以语音、视频等形式出现。

（四）价值密度低

不断增加的庞大数据量里的有用信息增速并没有跟上数据增速，因此，从海量数据中挑选有用信息的难度也随之加大。有时一段小视频所能包含的有用数据大概也就只有那么几秒钟。

大数据的以上四个特征，表明不仅数据量变得庞大，数据的捕获和分析变得更加复杂、快速，数据的实效性也更强。

第三节 数据的整合管理与使用

一、数据的收集

在大数据时代，要想获益于大数据，收集数据是第一步，但收集数据并非仅把收集过来的数据放到硬盘里面那么简单，更重要的是对数据进行分类、存放及管理。不然就如同一个储藏很多物品的储藏室——放东西进去的时候很轻松，但是要知道哪些东西有用，或者有用的东西放在哪里的时候就不那么简单了，甚至可能再也找不到。我们是否认识数据？我们拥有怎样的数据？我们是不是能够在庞大的数据中筛选出所需的核心数据？哪类数据会被反复使用于我们的工作生活中？这就要求我们学会有目的地收集海量数据。

当我们毫无目的地进行数据收集和投资时，获得的数据量越来越庞大，但不幸的是，这些数据并没有被灵活运用，它们仅仅是占据数据库存储空间的"死"数据——没有真正被利用起来创造价值的数据。这里的"死"并不是真死，还可以将其激活。那要如何把这些"死"数据激活以至带动整个大数据活用，并成为实践中的牵引力呢？答案就是：收集数据是第一步，收集后便要通过甄别，选出有用的数据，再将它利用起来。数据的价值在于使用，而不是存储。就像储藏室里的物品，假如你不会将其中有用的东西拣选出来使用，那么储藏的东西再多也是没有价值的。所以，我们在储藏物品的时候，一是要储藏有使用价值的物品，二是要将其拿出来使用。于是，如何收集物品就成了一门学问。数据的收集和物品的收集有异曲同工之妙。

人们通过实践发现，大数据有一个良性循环功能，它的本质意义就是将数据用于该循环中，吸引其他海量数据自动进入该循环，并实际运用于各个领域，那么如何定义数据自循环呢？

举个例子，当前许多网站都会根据用户频繁使用的功能提取与用户喜好相关的数据进行推荐，不论是小说、音频，还是产品，都可以让用户来选择"喜欢"或者"不喜欢"，这样一来，企业就可以通过用户的选择基于计算机后台的算法为用户重新推荐，这就变成了一个循环——从基于已有的数据进行"分析—推荐—反馈—再推荐"的过程。当然，自循环还远不止这样一种形式。形式多样的自循环模式为数据收集大开方便之门，这个循环存在的意义就是解决问题。数据的自循环有两个最关键的核心要素：第一，灵活收集数据；第二，灵活运用数据指标。

到目前为止，还是有很多企业多年以来未建成良性的数据自循环，导致企业的经营管理数据更多地建立在直觉的判断和分析基础之上。当面对周围海量的消费者数据时，因未能灵活运用，如一潭死水一样的大数据没法为企业的经营管理提供有效的帮助。对数据没法进行有效提取、分析和应用使企业在大数据时代步履维艰。这时，如果没有找出相关的关键解决方法，企业就会在由海量数据构成的新兴市场中错失发展的良机。

（一）"活"做数据收集

这里指的是灵活收集数据，要求大数据用户跳出思维束缚，不要局限在内部用户数据，还要放眼整个行业乃至其他行业，进行有效的数据收集与整合。

收集数据有两个用途：一方面是内用，即收集外部数据使自己已有的数据更加精确，为自己创造价值；另一方面是外用，即积极贡献自己拥有的数据给有需求的人，从而使他的数据精确度更高。

亚马逊在多年前曾经运用大数据手段去获取用户信息，通过其IP地址分析整理出用户周围实体书店的信息，然后从收集到的这些信息数据中总结出一个结论：消费者是否在网上购买书籍很大程度上由其周围是否有实体书店决定。亚马逊即是通过收集相关外部数据这种方式来帮助自身判断线下是否存在潜在的竞争对手。一个企业在做数据收集的时候，并不总是能够直接收集到所需要的关键数据，这时候就需要变通。

灵活地收集数据，要求收集者摆脱原有思维模式，寻找相关的领域去收集能为自己所用的数据信息，并从中挑选出能够让企业经营管理决策和发展更进一步的有用数据。灵活收集数据的好处之一在于，能够跳出现有数据框架，更全面地了解用户的消费需求和市场发展动向。

（二）"活"看数据指标

这里指的是企业应跳出既定数据模式，结合消费者的实际需求，把收集到的数据灵活运用到不同场景。我们应该有一个清晰的意识——灵活收集数据只是开始，如何把收集到的数据灵活运用于企业发展才更具实际意义。

举个例子说，我们在网上商城购买商品的时候，或在某个网站注册时，平台方一般会要求用户填写自己的性别。假如一个人填写的性别是男性，但平台在分析这个人的购买行为时可能会发现，很多时候他所购商品的目标客户并不是他自己，因为这个人也会为他的妻子和父母买东西。

当收集到的这些数据不能为企业所用时，企业就永远不知道关于这个人的这个数据原来是不准确的。这些数据好像是准确地描述了这个人的性别，但是却不能很准确地描述这个人的搜索和购物行为，因为他可能会为他的老婆买一套女性化妆品。

实际上，网络中的每一个性别标签背后都有其复杂的意义，它的分类是基于用户在不同场景中的不同表现而做出的。这就揭示了一个问题，我们每个人都不会只呈现出简单的一面，比如在安静时和在人前时，我们就会表现出不一样的自我。不同的性别标签究其原因就是这些性别标签的出现是同一个人在搜索不同商品时会有不一样的举止行为，这些有差异的行为阐述了不同的情景，企业应结合这些场景灵活运用收集到的数据。其实，性别标签是否存在并不是那么重要，重要的是如何让用户在不同的场景中获得更好的服务，而这都是基于这些"活"数据。

灵活运用数据的根本在于数据使用者是否能发现数据本身存在的缺陷。一方面，看数据是否能为用户提供其所需的服务；另一方面，看数据运用是否能为企业发展提供方案，或者是否能创造价值。我们必须牢记一点，那就是必须重视灵活运用数据。

使数据"活"起来，是灵活运用数据的关键，如果企业能够在不同的场景中灵活运用相关数据去创造最大效益，那么新型商业模式的开创也就会在不远的将来成为可能。

二、数据的整合管理

（一）数据的存放和管理

对于收集来的数据，量大且覆盖范围广，因此妥善管理数据尤其重要。应该如何进行大数据的管理？截至目前并没有统一的答案。

部分企业过度依赖于用数据产品管理数据，在他们看来，数据产品能够解决数据管理中出现的问题。他们认为"不管怎么样，我们先收集数据，将来肯定有用"。其实这是不妥的，因为没有一家数据运营商可以让你无止境地收集数据，然后再使用，这根本是不现实的。从运营数据的角度来说，如果我们只收集数据而不做分析和应用的话，代价就是很沉重的存储成本。即便是一家富有的企业，即便它的机器比较多，也只能短时间地延续这种损失。因为不管企业有多少机器，这些数据都在呈指数式增长。而当提到怎么备份数据时，问题就更多了。在这种情况下如何备份？此时，我们必须要决定什么数据需要先备份，什么数据可以先放在"冷库"里。"冷库"是指一些成本比较低的服务器，但是放在"冷库"中的数据不能随时使用，需要调出来才可以使用。

针对这种情况，有人说："我们只把 3 年前的数据都放进去，行吗？"答案就是：还是太多了。有人说："那我们可以把一年半以前的数据都放进去吧？"不行，因为用数据观察业务发展趋势的分析师一般都要看 3 年的数据，所以这种做法也不现实。

在面对"决定放什么数据进'冷库'"和"决定什么数据在紧急情况下一定要保护"的问题时，你就会发现以前我们所讲的观点——数据先收集起来，将来再使用，完全是一个伪命题。这的确是一个很难下的决定，但这就是企业必须要做的决定。如果企业在以后发现自己需要的数据，的确没有得到提前保存的话，那么就只能错失这一发展机会了。事实上，这也是企业的博弈。

（二）数据的归类整理

部分信誉良好的数据企业从以下四个角度对数据进行了分类。

1. 按照是否可以再生的标准来看，可以分为不可再生数据和可再生数据

不可再生的数据指的是第一手数据，例如用户用网页进行浏览时，网页会自动留存用户的浏览足迹，这个足迹如果当时被清除，就没有其他数据来还原用户的行为了。这个有点像拿着相机拍闪电，抓拍很重要，一旦错过，闪电就不可能再重复刚才那一瞬间的光影了。因此，对于用户日志类等不可再生数据而言，必须要有很完善的保护措施和严格的权限设置。

可再生数据指的是可以通过其他手段再次恢复的数据，原则上来说，从某些指标中衍生出的数据都属于可再生数据——只要原始数据没被清除，就可以通过专业的运算方式重新获取。可再生这个词具有一定的迷惑性，某些用户以为数据能够再生，就不重视保存，但实际上，可再生数据要经过漫长的时间不断进行累积、加工才能形成，是长时间从海量数据中计算出来的。比如对某个用户在数个月内的连续购买行为产生

的规律,如果未做保护,虽然仍然可再生,但是再生的时间却会给企业带来问题。因为即便对于有顶尖计算能力的企业来讲,这一时间都可能是数日,甚至是数周、数月,而这个时间过程可能就会对企业的某一项核心业务造成毁灭性的打击。

用户应及时对不可再生数据进行严密保存,对某些有需要但还未产生的数据要提前做好收集准备。举个例子,很多电子商务网站并未关注客户在商品详情页面有没有做滚屏操作。如果这一类型的数据没有被记录下来,企业就无从知道详情页的有效性。当商品页面进行改版,需要对此类数据进行参考时,就没有办法来获得相应的数据支持,最后能做的就只能是等待在页面上进行布点开发,等待数据收集到之后再进行决策,这就造成了决策的延误。

用户应尽早对可再生数据进行规划处理以及业务预测,如此才能在需要数据时快速提取数据。

2. 按照数据所处的存储层次来看,可以分为基础层、中间层和应用层

就数据的存储来看,可以把数据分为三个层次。第一个层次为基础层,这一层次的数据基本与原始数据相契合,顾名思义,它只用来存储基本数据,是为其他数据研究奠定基础的,它没有汇总功能,如此才能最大限度地避免数据模糊;第二个层次为中间层,这一层次的数据位于基础层之上,它好比一个数据仓库,这里的数据会根据不同的用户主体以及不同的业务需求分类存放;第三个层次为应用层,这一层次的数据一般具有实用价值,它针对具体问题进行存储,比如,解决具体问题以及应用于不同场景的数据。

在数据的存储方面,最常见的问题是数据堆积过多、管理难度大,进而形成资源浪费,这一点对规模较大、数据量庞大的公司来说尤其明显。

在大企业中,进行数据管理的人员数量并不少,他们可能来自不同部门,开展不同的业务,为了业务需要进行数据的收集、分析、整理以及应用。如此一来,不同的人可能都不同程度地建立了上述三个层次的数据,但是针对这些数据并没有经过有效的交流沟通,也就造成了工作的重叠。那是不是应该把所有的数据进行更好的归纳或者管理呢?现在已知的管理方法中,常见的有集中式及分散式管理,它们都各有优缺点,而且随着人员、业务数量增加以后,企业也很难进行集中式管理。针对这种情况,专家提出了以下建议:企业应尽可能统一基础层。因为这一层次的数据是支撑另外两个层次的数据的基础,且它是最原始的基本数据,基本不可再生,所以要留存必要的备份数据,但是没有必要保存于各个场合。只要保证能有效管理基础层的数据,最大限度降低成本就行。而对于中间层和应用层,则要视具体情况而定,如果企业面临较大的单一业务压力,则建议采取集中式管理方法。但是如果企业拥有多个业务,则建议创建多个数据管理团队,对数据进行分散式管理及应用,以此保证基础层能够最大限度地灵活运用。

3. 按照数据业务归属来看，可以分为各个数据主体

这种分类方式遵循的原则是，根据不同的业务主体对数据进行分类归纳整理。这就好比仓库存储物料，是按照类别进行存放，以极大地提高数据应用以及管理效率。它以不同的内容形式存在于不同企业，比如第三方电商平台的数据可以分为商品交易类、店铺会员类以及日志类。商品交易类数据是指平台型电商的订单流水，其中包含了买家、卖家在什么时间成交了什么商品；店铺会员类数据记录了买家、卖家的身份信息，比如注册时间、身份证号码、信用等级等信息；日志类数据则更多的是指用户的行为，即哪个用户在什么时间段访问了平台的什么页面、点击了什么按钮等。

根据不同的业务特点对数据进行分类，目前没有明确规定，但遵循的原则是尽量减少存储空间，简化数据的提取、分析、应用过程。

4. 按照是否为隐私来区分，可以分为隐私数据和非隐私数据

根据字面意思，隐私数据指的是必须采取严格的保密措施来存储的数据，处理不当会侵犯用户的隐私。隐私数据包含用户的交易信息。信誉较高、管理机制较完善的企业，一般会采取分层管理的方式进行数据隐私保护。站在安全的角度可以把数据分为企业级和用户级两个类型、四个层次。双方交易金额、企业所得利润、大型活动现场成交额等数据属于企业级别；用户级别的数据指用户个人信息，包括身份证、登录密码、手机号、用户名称等。数据分类后有四个层次，分别有公开数据、内部数据、保密数据、机密数据。

当然，也有隐私数据保护得不好的企业，之前很多隐私泄露的案例都对用户造成了很大的损害。比如，某些网站几十万条开放信息泄露、数百万个密码泄露等都是类似的事故。随着拥有大量数据的网站和企业越来越多，数据安全就越来越成为一个核心点，需要投入专门的人和专门的团队来进行数据安全的管理。而数据安全工作的推动，初期往往会受到一线员工的反对，因为任何一个安全系统都意味着已有的权限被收回，也会因为改变工作方法而降低效率。所以，拥有大数据的企业高管必须要关注数据安全，否则数据越多，最终对用户和企业造成损失的风险也就越大。

三、数据的使用

从数据应用角度出发，电商行业对数据的处理及应用方法对其他行业有很大启发，它可以灵活运用数据，并让其为自身创造价值。

不同的运营商对数据有不同的用法，这里，让我们以电商为例，看看它们是如何运用数据的。首先来看现在电商的背景，不论是平台型电商，还是自营型电商，或者垂直类电商，它们的一个共同特点就是商品非常丰富，商品数量动辄就是百万千万级，而平台型电商的商品数量可能更多。

对于消费者来说，进入一个电商网站的首页并不需要看到那么多的商品，如果消费者有明确的购物诉求，那么，可能会直接进入电商网站的搜索引擎开始寻找商品；如果没有明确的诉求，则可能是在电商网站提供的类目和活动等区域随意寻找。这个时候问题就来了：页面内容是有限的，消费者的时间是有限的，消费者的需求是有偏好的，但是商品量非常大，电商的目标又是为了能够通过闲逛让消费者产生成交额，那么，如何找到合适的商品放在首页就成了问题的关键。

面对这样的问题，专家给出的解决方案是通过一套数据中间层，来生成用户在特定市场的个性化标签。电商企业负责不同类目运营的员工通过算法或者人工选品来实现用户标签和商品的匹配，从而实现用户"逛"的效率最优，进而提高用户由闲逛到购买的转化率。通过收集用户信息数据，整理分析后对不同用户进行标签分类管理。以下是建立标签的方法。

第一，在业务规则下通过整合数据以建立标签。通过这种方法建立的标签，与从业人员的工作经验密不可分，这里可以举几个例子，以便对这类标签的设置有更加直观的感觉。

比如，业务人员可以判断出搜索某一个具体车型的人可能就拥有这款车，此时，就可以通过数据进行分类，把用户分为不同类型的车主等，当用户进入汽车配件类目时，就可以直接为用户推荐相应的汽车配件，直到用户有明确的行为去搜索别的汽车用品时，再进行数据调整。再比如，部分用户平日里网购频率较低，但是会在大型节日促销活动前大量采购。根据经验可以判断，这类人员通常在企业从事采购工作，此时便将礼品等类目进行企业礼品的相关推荐，甚至直接推荐该网站的储值卡。还有，对于中老年人的识别，可以通过用户经常使用的地址和包裹的寄送地址来进行区别。

第二，通过模型来建立标签。比如，在婚庆类目上的特定行为，当然，特定行为是通过数据模型识别出来的，此时我们就可以认为其是一个即将结婚的用户，这样可以结合时间来给用户打上婚庆标签，也可以持续观察这一类用户，在未来可能会打上家装的标签和母婴的标签等。结合用户的手机充值和收货地址等行为，可以用数据模型计算出该用户是为自己购买，还是作为一个网购的中心者为他人购买，如果能判断其经常为他人购买，则可以打上类似于"网购影响力中心"这样的标签，可以在不同类目的场景中运用。

第三，通过模型的组合来生成新的标签。任何一个模型都是有生命周期的，或者说企业内部不同的建模人员可能对同一用户会做出不同的判断，所以，我们需要对模型不断地进行整合。通常情况下，可以采用模型投票的方法从多个模型中抽象出合适的标签。比如，在三个模型中，两个模型认为用户的宝宝是3~6个月，一个认为宝宝是 12 个月以内，那通过模型的整合，应该可以确定宝宝为 3~6 个月。

标签应用指的是在第三方购物平台网站首页或页面对商品进行标签注释。应用标签最关键的点在于对接好数据中间层和企业前台业务数据，便于企业管理层清晰直观地设置商品类目。在此再次强调两个关键点：一是中间数据层须完美对接业务层；二是最大限度地保证中间数据层的易用性。下面分别就这两个内容来做一些探讨。

一是中间层和业务层的对接。目前，对接是在互联网广告中非常热的概念，典型的应用之一就是数据管理平台（DMP）。在这个系统中，用户以标签化的形式存在，也就是之前给用户打好的标签有了一个管理的平台，终端使用者可以在这个系统中进行用户选择，选择完成之后就会产生一个投放计划。DMP 还会和前台业务平台打通，简单地说就是用户登录首页之后，系统就会认出用户身上的标签，就可以根据 DIM 中设置的计划来产出不一样的内容。

二是中间层的易用性。对于网络平台消费者来说，在浏览商品时，商品标签要能够简单直观地表达出商品信息。

在大数据行业从业的人员，有一个重要使命就是把冗杂的数据变得简洁明了，所以网页界面展示以及后台数据管理工作都非常复杂，但重要程度不言而喻，处理不当就不能表现标签价值。

对于大数据而言，"用"是让数据发挥价值的最大一步，如果想要把数据从成本尽可能转化成效益，展现出大数据的实在价值，那么就需要我们将拥有的技术资源数据化，并把这个数据化运营做好。

第四节 大数据的价值分析

一、数据的五大价值

随着互联网的发展，大数据的作用日益凸显，上到国家，下至企业、个人，大数据的处理与管理都是极为重要的。比如说一个企业，如果大数据管理出现紊乱，那么产品销售、生产管理、企业财务等方面就会出现紊乱，而企业的管理一旦出现问题，企业便很难生存。大数据的作用不仅仅体现在这些方面，还有一些潜在的作用。比如说，通过正确有效的管理大数据，通过大数据的汇集分析，企业便可从大数据中获取更多信息，诸如企业的盈亏、市场走势、潜在的商机等。就个人而言，如果我们平时做一个有心人，也不难从各种看似不起眼的数据中挖掘出对我们有利的信息，从而获得更多的价值。

如何去发现数据的价值，这是一个很值得深思的问题。数据的价值对于不同的主体或在不同的场合往往是不同的，比如说某些企业的数据信息对于另外的企业可能一文不值；纵使在一个企业内，往往很多数据信息需要数据整合后，才能产生价值，并且还需要懂数据分析的能手，才能真正将数据的价值完全发掘出来。如此说来，数据的价值究竟该如何去体现？数据的价值又体现在哪些方面？在这里，我们总结了数据的五大价值。

（一）识别与串联价值

通过对数据的分析，我们能确认出唯一的目标对象，这就是数据的识别价值。这样的应用场景很多，比如说，通过身份证，可以识别出该身份证对应的人；当手机铃声响起，通过电话存储的备注，便能识别对方是谁；电子邮箱提示收到邮件时，通过邮箱账号等，便能识别发件人。这些例子都是数据识别价值的真实体现。千万不要瞧不起这种识别与串联价值，当用户在网络商城平台注册一个账号，然后使用账号登录并浏览商品时，用户的浏览数据便会在平台上留下痕迹，商家可以通过汇总数据资料，然后分析数据，便可以知道某商品是否有热销的可能，该商品的浏览用户是哪些年龄段，购买能力如何等信息。通过把握这些信息，商家便可以决定是否扩大进货量，是否采取促销手段等。但如果没有这些数据信息，商家只会知道某商品有用户浏览过，但却不知道浏览者的相关信息，更不可能了解用户的购买欲望和购买行为特点。

为了获取用户数据信息，商家识别用户的方式多种多样。cookie 是浏览器里的一串字符，但这不是简单的一串字符，对商家而言，这就是用户之于商家的"身份证"，商家通过该"身份证"记录用户某些数据，这就是一种传统的记录用户类别信息的方式。单一的 cookie 数据是没有存在价值的，只有当用户浏览多个网站，建立多个 cookie 时，将多个 cookie 串联起来才会产生价值。比如说，某用户进入浏览器，在搜索引擎输入所需要的信息后，便会在多个网站向用户推荐与搜索关键词相关的内容，这便是 cookie 的串联价值。如果没有串联价值，用户浏览过的信息，可能会有记录，但却不是上述的相关推荐内容。网站有千百种，若是没有数据的串联价值，那么，很多网站可能一辈子也没几个人浏览得到。

在我们的日常生活中存在很多价值很高的识别和串联数据。比如，银行卡遗失后拨打银行服务电话进行挂失，为了确保信息的准确性，银行客服会询问你一连串的相关问题；再比如忘记了银行卡支付密码，客服会询问你很多密保问题，例如你的生日是哪天，你的紧急联系人电话号码是多少。上述这些问题就是在识别和串联你的个人信息数据。因为在银行怀疑某个人是不是持卡人本人的时候，生日、电话号码是有权重的。有可能在有了 2~3 个这样的数据后,即使你没有密码,银行还是会相信你,为你重新办卡。

所以,不要轻视识别数据的重要程度。历史经验显示,有关于身份的数据信息至关重要,要尽可能地长期妥善保存这些信息数据。这也从另一个角度说明,在当前的大数据背景下,只有获取真实准确的用户身份及行为信息,才能够为企业的战略发展提供有力的竞争优势。

(二) 描述价值

一般来说,描述数据的存在形式是标签,这些标签是经过初步处理的数据。收集描述数据是大数据行业从业人员最基本的工作之一。企业的年收入额、净利润、资产情况等数据信息属于描述数据,第三方电子商务购物平台的日常交易数量与额度、注册用户量、商品的浏览量等数据也属于描述数据。企业可以通过这些描述数据判断企业是否正常运营。

然而企业的描述数据和企业战略目标的实现程度并没有直接关系,换句话说,描述数据不是看"量",而是看"质",意思是描述数据并非越多越好,而是要与企业开展的业务有紧密关系。比如,一家同时经营图书销售与线上电子书阅读的电商企业,在图书销售模块最重要的描述数据是图书销售量及交易额,但是在电子书阅读模块最重要的描述数据是用户的活跃度以及浏览量。

对于企业普通员工来说,描述数据存在的意义在于使他们能够清楚业务活动状况,对自己的日常工作有准确的把握;对于企业领导层来说,描述数据能够清晰地反映企业的日常经营状况,便于他们做出科学的战略决策。

采用数据框架分析方法可以更好地描述数据,可以在零散的数据中筛选出最关键的信息点,使从业人员能够对企业的运营情况一目了然,也能够最大限度地向用户展示运营细节信息。进行数据框架分析是数据从业者的基本工作之一,主要是在理解数据的基础上,把复杂的数据进行有逻辑条理的分类与展示。通常,优秀的数据分析师都具备非常好的数据框架分析能力。

(三) 时间价值

如果你多次在网络购物平台上购买过商品,那么你的历史购买记录就会形成一定的时间价值。这些历史数据不仅局限于罗列你购买过的物品,还清晰直观地展示出你的购买偏好,让购物平台能够对你即将购买的物品做出一定的推测。

使用时间维度去衡量之后,描述数据会呈现出更高的价值。大数据分析中,一个难度较大但重要程度非常高的部分就是进行时间分析。

大数据有一个举足轻重的功能就是对过去的海量数据进行分析处理，而代表过去（历史）的一个不可或缺的维度就是时间。运用大数据最直观的表现就是分析数据的时间价值，可以全面地总结出用户对产品或场景的喜好程度，企业在了解这个程度以后，才能够更加精确地为用户推荐其喜好的商品。

数据的时间价值不仅在于陈列过去的数据，它还能体现实时性。这一点在商家的广告领域得到很好的体现——实时竞价，指的是用户在对所需商品进行搜索浏览时，网站会根据搜索关键词把用户信息推送给各个卖家。例如，用户需要购买化妆品，在这个场景中就会出现和化妆品有关的信息。这个化妆品的广告不是预先设置好的，而是在这个具体的场景中通过实时竞价出现的。

（四）预测价值

数据具有两个预测价值。第一个是商品预测价值。第三方网络购物平台能够对某一个单独的商品进行预测，而能够产生预测价值的商品，一般都是自带数据，且可用于推荐。比如，系统推荐了一款T恤，它有多大的可能性被点击，这就是所谓商品预测价值。预测价值并没有价值属性，只有在对商品进行预测时才能体现它的价值。因此预测数据有助于商家提前做好充足的准备应对即将出现的未知情况。网站推送消息预计某件商品当日将会有20个购买者，这就是预测。比如再问一个追加问题："你有多大的信心今天能卖出10件T恤？"你的回答是"有百分之百的可能"，这就是所谓对未知的精准预测。

第二个是数据能够预测企业运营状况。这指的是数据能够精准预测企业整体情况，且能够利用预测结果对企业的战略决策等提供指导。在今天的电商中，无线部门是一个重要的部门，对于新的无线业务来说，核心指标之一就是每天的活跃用户数，而且这个指标也是对无线团队进行考核的重要依据。作为无线团队的负责人，到底怎么判断现在的经营状况和目标之间存在着多大的差距，这就需要对数据进行预测。通过预测，将活跃用户分成新增和留存两个指标，进而分析对目标的贡献度分别是多少，并分别对两个指标制定出相应的产品策略，然后分解目标，进行日常监控。这种类型的数据能够对企业整体的经营策略产生非常大的影响。

（五）产出数据的价值

从数据的价值角度出发，多数数据并没有价值属性，只有把几个数据进行有机组合或对某一部分的数据进行高度汇总后才能够创造出新的数据价值。比如在电子商务刚兴起的几年，用户购买商品时大多会关注电商企业的诚信经营问题，那要如何去界定企业是否诚信经营呢？常采用的评价指标有以下两个：客户的好评率以及店铺开业至今累积的好评数量。它们的具体表现就是商家商品页面上呈现的历史好评率以及店铺的星钻级别,在此基础上,网络消费者能够清晰直观地了解商家的基本情况。

然而,对商家的经营状况进行评价单纯靠这两个指标并没有多大的说服力,因为商家的服务质量,并不能只通过它们得到精准评价。在此背景下,新增了更多的评价指标,比如,商家的发货速度、服务质量星级等,把这些指标数据综合分析整理后,得到一个新的综合评分体系,它可以更加精确地判断出商家的服务水平。

针对第三方购物平台商家所出售的同一商品,可能有几百上千条评价,这些评价是消费者的购买体验以及对产品的使用感受,当潜在消费者想要购买该商品时一般会浏览买家评价,但并不能浏览完全部评价,所以网站会利用大数据对这些评价进行重新排序,从里面抽取出最关键的数据点,便于消费者做出购买决定。

只有充分认识数据价值,才能够在庞大的数据量中精准地挖掘出最有价值的数据,如此才能最大限度地利用数据创造价值。对数据进行具体分类和加工处理,对我们高效地应用数据意义非凡。

二、大数据价值的具体分析

(一)大数据不一定有大价值

不可否认,大部分数据行业拥有海量数据,但是这些数据如果没有应用得当,对企业来说是一个巨大的负担。因为收集、保存数据需要支出大量的成本,包括人力成本以及时间成本,而且收集到的数据要经过加工处理、分析整合才能创造价值,为企业带来收益。

麦肯锡经过多年调查,发现大数据在企业发展中的价值不可估量,比如美国的医疗行业每年利用大数据能创造3000亿美元的收益,同时,其他行业领域也极大地受益于大数据。

大数据本身没有大价值属性,只有利用得当才能创造大价值。这就好比未得到开采的金矿不等于价值千金,金矿里的矿石只有在市场发生交易才具备价值,同理,大数据只有经过技术加工处理变成有用的数据,提取出的有价值的信息只有运用到相对应、有需求的场景才能创造价值。

大数据可以比作一座潜藏于海面的冰山,庞大的数据量并非肉眼可见,展现出来的往往只是冰山一角。而信息技术的发展决定着大数据的挖掘应用程度。在当代社会,计算机软硬件设施完备,云计算速度快到无法想象,这无形中加快了对大数据的提取速度,以前超越人类计算能力的问题,现在都可以通过计算机技术得到解决。举个例子,日本的医疗机构曾经通过大数据技术对海量的患者信息进行整合分析,结合电子病历呈现的病例信息以及患者的发病地、时间、地域等数据，计算得出抑郁症患者有多大概率会自杀，并且通过数据建模验证结果。在以前这些好比天方夜谭，但因为现在有了信息技术的辅助，相关领域的科学家可以提出假设，并通过计算方式得出结果，再利用大数据模型加以验证，如此一来，以前的"死"数据就被灵活运用并发挥了价值。另外，过去存在的大数据因为技术手段有限，计算方法又太过复杂，导致这些数据堆积而没有被灵活运用，没法保证数据的时效性。例如，天气预报的预测需要提前进行，如果因为计算速度太慢导致时效已过，数据就没法发挥预测价值。而现在，辅助 IT 技术最多几小时的时间就可以完成天气预测，保证预测时效性。

总的来说，大数据只有进行合理分析、运用到正确场景才能创造大价值。随着大数据的深入发展，多数把海量数据当成负担的企业也在逐渐感受到其能创造的巨大价值。

（二）大数据也会有价值遗憾

因为数据给人带来的实际用途是优劣并存的，所以大数据的价值到底有多大，目前没有谁能给出准确的计量。

在当前的大数据时代背景下，数据好比一座金矿，而无数的数据使用者就是矿井里生成金矿的原料。例如，元宇宙（原脸谱网）的主要产品是社交网络，而造就一个良好社交网络的最重要因素是它的内容。为元宇宙（原脸谱网）提供内容的，正是一个个用户。用户提供的内容使网站变得活跃，他们的个人信息使网站变得有价值。

这一切都解释了为什么像元宇宙（原脸谱网）这么一家雇员近 2 万人的公司，如今市值超过 8000 亿美元。在有的人看来，这似乎是一种巨大的不公平，也是大数据时代的一个巨大缺陷。像元宇宙（原脸谱网）一样的公司，通过收集用户的各种行为数据获得巨大利润，而用户的行为本身却似乎没有价值，似乎它们无须为用户的劳动付出任何报酬。这么看来，在大数据时代，表面上用户是在免费使用着某些企业的各种资源，而实际上是用户付出各种劳动，某些企业免费收集着用户产生的数据，没有给用户任何报酬。

如今，大数据正在逐渐渗透到各行各业各领域的各个层面，它的作用日益重要，且其他工具无法替代。但是我们不能过分神化大数据，因为它也有不可弥补的局限性，它并非可以万能地应用到所有场景。在大数据逐渐风靡全球的当下，我们应理性看待大数据，不能因为大数据而忽略其他工具，要对态势有精准把握，进而全面了解运用大数据的具体场合。

在国际金融危机全面爆发的前几年，一家银行并未像其他企业一样迅速撤离意大利市场。一方面，从主观上来说，它想和意大利人民共同面对这场危机，也想稳定银行的工作人员；另一方面，从客观上来说，金融危机席卷全球，不论它退到哪里都要面对经济疲软的前景和状态，所以它果断让银行的数据分析人员根据当下局势，综合各类数据对银行未来的发展做一个大胆预测，并尽可能地预测可能出现的情况会对银行造成什么样的损失。最终理智战胜了潮流，银行遵从客观实际选择留下，而结果证明它的选择是正确的。

商业领域无信不立，信任是企业与企业之间、人与企业之间带有感情色彩的互利互惠行为。在时局艰难的时刻仍然选择共患难、同进退，这样有诚信的企业至少在情感上已取得胜利。即便这些隐性的效果没法用数据去呈现，但也极具价值。

上述事例隐隐揭露了大数据分析的优缺点。在当前社会背景下，计算机网络正在逐步改变我们的生活。当前有许多我们无法用语言形容的复杂境况可以用大数据进行解释，它可以打破我们的思维局限，让我们跳出主观意识以及历史经验的桎梏，摆脱盲目自信，纠正客观事实的真实面目。然而，大数据并不是万能的，它在很多场景甚至可以说一无是处，比如说它没法精确描述人类进行的社会活动。人的大脑不擅长数学，但是擅长认知，我们可以通过人的微表情判断一个人的心理状况，甚至是思维活动以及情绪反应；另外，人类情感可以对某些事物进行判断，但大数据不能，它没有情感。通俗来说，大数据只是由计算机执行的一个程序，对于社交活动，它只擅长计算数据而不是判断质量。比如说一个社交网络的数据分析专家可以根据收集你日常生活中的数据信息，判断出你一天中50%的时间与5位附近同事有交往，但是他并不能通过这些数据分析出你对这些朋友都分别有哪些情感态度。由此可见，关于社会关系方面的问题，角落里的冰冷机器永远没法代替人类的大脑。

在许多重要领域，大数据对重要决策问题也一筹莫展。一个企业可以通过数据对比、设计实验找出刺激消费者购买欲望的因素，但同样的方法并不适用于政府用来寻找刺激经济复苏的有利因素，因为政府领域没有可以作为参照的数据。当代经济学家和政府部门都在就如何快速复苏经济这个话题争论不休，虽然当前有海量数据可运用，但是截至目前从未有数据可以平息争议。

而且，大数据更擅长分析主要潮流和趋势，一些杰出的、独特的个例并不在它的分析范围内。当某种商品迅速引起社会群体的兴趣时，大数据可以通过分析捕捉到这种潮流趋势，但它可能对一些异常突出的情况视而不见，因为它们的独特之处并未被大众知晓。

除此之外，数据本身也有一些局限性。有学者曾指出，数据不是天生存在的，它是社会活动的产物，而且是有目的地根据一个人的习惯及偏好创建出来的。因此，采用什么样的数据收集方式就决定了数据将如何呈现。表面上，分析数据的过程是客观且公平公正的，但其实构建者的价值选择影响了整个过程。

这并非对大数据进行否定，而是说明大数据在某些方面和其他工具一样存在价值，但也存在不可弥补的缺陷。

（三）旧数据也会有新用途

大到政府部门，小到个人，都不约而同地会收集各种各样的数据，这些数据甚至有漫长的历史。那么这些数据在社会生活中到底能够起到什么样的作用？是否能派上用场？答案是肯定的。

喜新厌旧是人类常犯的一个经验错误，这就好比他们对待数据的态度。大部分人认为当下新鲜出炉的数据才更能反映当前状况，而那些历经漫长历史遗留的数据，好像派不上用场。其实不然，很多有价值的数据往往来自这些历经漫长岁月的大数据。这些数据被整理分析后，一样能得到非常有用的信息。

美国著名摄影师和出版人里克·斯莫兰是一个有趣的人，他做了许多跟大数据有关的摄影项目，其中有个项目叫"大数据人类面孔"。这个项目的主要活动是呼吁全世界的人们在8天的时间内通过智能设备记录、分享、对比各自的生活。其中，有一张照片是里克·斯莫兰和一位计算机科学家、一位心脏病学家兼计算生物学家站在一堆废弃的心电图数据纸带中。这个3人团队通过拟建一个新型计算机模型，用以收集分析过去被弃之不用的心电图数据，从中发现被忽视的心脏疾病复发信号，并能大大改进今天的心脏病风险筛查技术。对于很多人来说，那些已经过时的心电图数据是毫无价值的，所以那些数据纸带完全就是一堆废纸。可是，潜心研究的科学家们就是对那些废纸里的数据进行分析才得到振奋人心的科研成果的。

由此可见，有的数据可能以某一种方式来分析时是无用的，而通过另一种分析方式就能得出有价值的信息；有的数据现在可能没什么分析价值，但这不代表它以后也不会有分析价值。大数据时代，没有不能分析的数据，没有毫无价值的数据。无论是陈旧的大数据还是新的大数据，都有派上用场的地方。

三、大数据分析平台

大数据发展至今，目的从不是只为收集和掌握海量数据，它的意义在于通过专业的分析处理这些隐藏价值的数据。换句话说，大数据就好比一种产业，这种产业要想实现收益，关键的一步就是对数据进行深入加工，如此才能使它增值。在人们的思想观念中，数据带有肉眼不可见的价值，信息技术的发展促进人类去挖掘这个价值，而挖掘到的价值要合理应用才能得以实现。因此，这里有一个关键问题是大数据怎样才能被有效地利用，以促进企业健康有序地发展。在企业的经营管理中大数据的应用越来越广泛，企业经营每个月都会产生大量的业务数据，这充分说明大数据有不断增长变化的趋势，在这种条件下，选择分析大数据的方法显得尤其重要，它直接决定了数据信息是否有价值。大数据分析可以沿用传统数据分析算法、一般性描述统计、时间序列分析、线性回归分析、曲线回归分析、多目标分析、序贯分析、仿真分析和包括在数据挖掘中的聚类算法、分类算法、关联规则和人工神经网络等，这些方法都可以在一定程度上对数据进行处理。考虑到大数据的流动性和移动性，利用新的大数据算法分析不管是在成本和效率上都更有优势。下面介绍一些大数据分析挖掘的平台。

（一）商用大数据分析平台

开源的大数据分析平台一般来说对技术要求高，实时性比较差，而商用的大数据分析平台费用昂贵，但是能为客户提供技术支持。常用的商用大数据分析平台有以下几类。

1. 一体机

一体机指的是严格按照标准架构的、集其他软件或工具的功能为一体的复杂设备，有多种配备，它的出现省略了数据研究的设施建设。大数据一体机是以一体机为载体，用于解决数据的存储、处理、传输问题，极大地节约了成本费用，延伸了数据宽度及广度。

大数据一体机是集数据存储、操作处理、数据管理等系统为一体的产品，根据特殊需求提前安装的软件与硬件系统严密配合，专为查询、分析、处理海量数据而生，为数据量级别达到 TB 至 PB 级的数据库仓库提供优化方案。从技术角度出发，它主要有以下特征。

（1）采用全分布式新型体系结构，在保障可用性的同时突破扩展局限性。在同一体系中整合软硬件设备，不同的数据架构可为不同的领域提供不同的实用性支撑。通过优化软硬件系统，跟随客户以及业务数据信息的增速纵向提升硬件，保障系统时效性，扩大系统容量，使业务能够连续开展。

（2）提升全面覆盖率，满足不同的用户需求，提供个性化服务。软硬件一体提升了数据的收集、分析、处理能力，全方位为用户提供优化方案，用户可以根据个性需求以及应用的特征，选择能满足自身需求的产品。

除此之外，大数据对问题的解决措施不同于传统方式，因此商家应根据客户需求尽量为客户提供可选择的方案以及专业化的服务类型，包括帮助用户了解产品、介绍产品信息、明确需求，帮助用户实现数据的转移等系列服务，包括调优至投入应用这一过程。

截至目前，市场供应商层出不穷、争奇斗艳，它们都致力于推广一体化产品和服务，以及针对具体产品提供优化方案。

2. 数据仓库

比尔·恩门在20世纪90年代初提出了数据仓库这一概念，因此他被称为"数据仓库之父"。他介绍数据仓库的主要功能是借助信息通信技术手段，对海量数据资料进行存储、系统分析管理。这不仅有利于开展各种分析方法，还能为决策、主管系统的创建提供数据支撑，辅助企业管理者对数据进行有效提取与分析，筛选出有价值的信息，进而加快决策进程、适应社会环境动态变化，同时也能帮助企业建立商业智能管理系统。

数据仓库并非简单的数据库的扩大版，它是在数据库基础上产生的，目的是扩大数据来源，提供决策指导意见，以及方便终端数据查询与分析。由于海量数据堆积如山，冗余情况较严重，因此需要较大的存储空间。基于此，数据仓库应有如下几个特点。

（1）运转效率要高。数据仓库的数据处理周期单位有日、周、月、季、年。日为最小周期，用户要求在24小时甚至是12小时之内处理完数据，这种周期是效率最高的一种。有的企业规模较大，每日产生海量的企业运营数据，但由于未有效设置数据仓库，导致数据处理缓慢，周期延长，不利于企业高效运转。

（2）数据质量要高。数据仓库存在的意义就严格要求它提供高质量的数据。但是由于数据仓库有多个层次架构，数据处理流程包含数据筛选、匹配、搜索、呈现等多个步骤，架构越多步骤越多。如果企业收集的数据未经过处理或者数据代码模糊，将会导致数据不精确，进而会造成决策失误，带来巨大损失。

（3）扩展性要好。大数据技术发展迅速，综合考虑现阶段发展情况，未来3～5年，数据肯定会有大幅扩展，所以数据仓库的架构层次比较复杂。如此一来，到时就无须重新构建数据仓库体系，节约成本也能保证系统稳定运行，这就有赖于创建科学合理的数据模型。在数据仓库中多增加数据中间层，为庞大的数据量提供足够的缓冲空间，能有效避免数据运行卡顿等情况。

3. 数据集市

大数据开发人员应充分了解企业发展情况，建立数据仓库时必须覆盖各种类型的用户，有全局观念，如此数据仓库才能适应企业的决策需求。在这种条件下，数据仓库的建立就会耗时长、投资大，且会面临较大风险。以此为背景，数据集市为满足各种需求而诞生，它的规模更小、功能更全面、创建成本更低。

简单来说，数据集市是数据仓库的浓缩版，它规模更小。针对具体部门或战略目标，系统配备了特定的、更集中的应用。数据集市的数据来源范围还是企业所有的数据仓库。它用成本更低廉的方式帮助客户从现有数据中找到自身的竞争优势，为顺利进入市场提供优化方案。数据集市具有以下特征：第一，规模更小，只针对具体部门，而非针对整个企业创建；第二，针对具体的战略需求配备特定应用；第三，创建部门是更有针对性的部门；第四，由创建部门进行管理和信息维护；第五，开发费用低、时间短、风险小；第六，可升级，可以对接到企业数据仓库。

（二）开源大数据生态圈

资源搜索软件供应商 Google 在发展中最先面临庞大数据集的处理问题，它没有选择使用原有存储系统，而是创新性地利用大数据思想，把其他的存储和计算工具的性能高度整合，创造了分布式文件系统和大数据计算框架，在很大程度上成功实现了庞大数据量的高效处理，且因符合大数据环境的开发而受到青睐。当前全球广泛应用的大数据计算分析平台开源，拥有先进的 Hadoop 系统，该系统有以下五个优点。

一是高扩展性。作为存储平台，它能够存储上百个小规模服务器的数据集。不同于传统的数据系统没有延展性，它在应用数据节点上的扩展性极高。

二是成本效益高。Hadoop 从企业成本角度出发，为用户提供存储优化方案，在这一点上有别于传统数据库，它储存量更大、成本效益更高。部分企业以前在缺乏有效存储方式情况下，会预先假设有利用价值的数据，通过分析把数据进行分类保存，如此造成极大的成本浪费，虽然它能够在短期内提供极大便利，但是随着时间越来越长，数据量越来越大，就会造成数据混乱，不利于问题妥善解决。Hadoop 有更科学的架构层次，且该架构可以无限扩展，如此一来，它存储的数据量就会无限增多且取用方便，它超快的计算速度以及超大的存储空间，为企业节省了巨额成本费用。

三是灵活性更好。Hadoop 能够帮助企业从不同渠道收集到不同种类的新数据，且它可以对这些数据进行分析处理，使其创造价值。在这一层面上，企业可以充分利用 Hadoop 去从各个领域数据获取利于企业发展的商业信息。除此之外，Hadoop 还可用于其他系统问题的分析及检测。

四是速度更快。Hadoop 处理数据速度可以快到以分为单位，因为它具备高效处理数据的工具，对海量非结构化数据的处理速度也快到无法想象，并非以往以小时为单位的处理速度可比。

五是容错能力强。Hadoop 有独特的数据处理能力，即使数据发送位置错误，它也能够很快提供数据副本进行处理。

第三章 财务管理与大数据的基本关系

第一节 大数据时代下的财务管理存在的问题与对策

一、大数据时代下财务管理存在的问题及其原因分析

(一) 财务管理观念陈旧

信息化的发展给许多产业带来翻天覆地的变化，对企业管理也是如此。金融管理的内容和目标与传统模式不同。金融管理活动从简单的会计职能转移到决策功能，即从数据存储到数据应用。然而，大多数中小企业在金融管理方面明显落后，金融工作人员被动地听从运营商的命令，无法分析财务数据并获得高质量的信息。由此产生的问题是：现金短缺或使用不充分，大大降低了商业资本回报；在季节性停产期间，生产的连续性不足；资金重组很困难，会计损失更大。完成会计核算只是大数据时代金融管理中的重要一环，但许多企业忽略了金融管理信息的重要性，传统的、过时的金融管理理念在很大程度上阻碍了大数据时代商业的发展。

(二) 技术水平不高，缺乏复合型人才

大数据已经成为世界发展的必然趋势，但当下仍存在着低水平的信息技术问题，信息管理系统面临着各种技术问题。一方面，我国缺乏技术来构建整个企业的 IT 结构，在信息技术方面落后于部分国家，国内大型企业在财务管理方面的经验也并不适合其他企业；另一方面，大数据的软件不完善，不能很好地满足企业的需求，这使得企业的财务管理活动无法与大数据完美结合。因此，财务管理的信息化还需要相关技术人

员的努力。

调查显示，我们国家的基础性数据分析人才缺口达到了1400万人。在金融管理实践中，很少有企业能雇用高质量的分析师来处理和分析金融数据，以获得决定性的财务信息，高级经理通常只根据经验分析财务报告来做决定。因此，技术人才缺失也是企业金融管理面临的困境。

（三）财务管理信息共享性差，"信息孤岛"问题严重

许多企业在构建企业财务体系的过程中，出现了许多孤立信息，导致企业信息的更新与业务流程无法相匹配，企业数据共享急剧下降。在此把这归因于三件事。首先，在某些情况下，信息是不对称的，不能共享。企业采购、物流、仓储管理、生产、销售等都是单独的部门活动，部门之间没有反馈和信息交流，这很可能导致生产与销售、销售与采购之间的恶性错配；有的财务管理部门甚至独立于其他部门，无法有效掌控相关部门的实际财务情况。其次，我们大部分企业无法独立开发财务管理信息软件，而只是对原有软件进行少量修改，很难完全融入企业业务的不同部分。最后，新旧系统之间的不兼容也引发了严重的信息不畅。

（四）财务管理信息安全存在隐患

在互联网的帮助下，大数据时代下的企业实体都会形成一个大家庭，数据产生、传播并被广泛使用。财务管理已成为一项开放的经济活动，不再局限于企业。财务管理信息的内部和外部距离都会对信息安全构成威胁。计算机病毒以及网络黑客都会威胁到财务管理信息的安全，传感器系统、社交网络、电子邮件等都有可能包含重要的商业信息，如果一些关键信息泄露出去，会给企业带来巨大危险。财务数据管理不仅是企业稳定发展的保证，也是创造和平社会的重要前提。

（五）财务控制能力偏弱，风险意识较差

财务控制是衡量和调整企业的投资和产出，以确保财务计划执行的过程，但有些企业的财务控制能力偏弱，风险意识较差。企业如果无法利用大数据分析财务进销存并根据分析结果做出决策，会导致企业财务控制有限，无法预测风险。在有些企业，资本的管理和使用都是盲目的，没有计划：当业务进展顺利时，大量的闲置资金不能得到很好的利用；当资金短缺时，会不计成本地进行融资；短期内，如果没有足够的资金用于偿还债务，将借更多贷款来偿还债务，进而对企业信用造成影响。这类盲目的投资活动，缺乏合理的风险评估流程，对环境、宏观经济变化和市场变化不够重视，往往导致基于主观认识的投资决策，甚至导致资本重组和融资链断裂。

二、大数据时代下加强企业财务管理的对策

（一）建立与大数据概念相融合的财务管理观

这需要财务管理者将大数据与财务管理相结合，以应对大数据时代的财务管理任务。首先，应该认识到在大数据时代改变传统财务管理理念的必要性，在竞争激烈的情况下，当订单控制、客户信用评估、税收部门与企业产品销售密切相关时，对重要数据的分析使企业的生存和发展依赖于大量数据。其次，将信息技术思想与其日常财务管理活动相结合，创造科学和有效的管理结构，最大限度地降低企业的财务风险，最大化动态平衡商业成本，建立一个基于人、互利、风险、信息、策略的共同财务管理理念。

（二）架构企业信息管理系统

2015 年 11 月公布的《中共中央关于制定国民经济和社会发展第十三个五年规划的建议》中，建议中国实施国家大数据战略，以进一步发展体制、技术概念等，企业可以委托软件公司雇用计算机技术人员，建立技术开发部门，并支持新的研究项目。结合相关软件技术提供的管理机制和管理工具，与财务经理合作，创建个性化系统（如财务云等）应用程序，以满足企业财务管理的需求，提供有利的客观条件来处理财务管理。另外，建立一个内部控制系统，与会计信息安全管理系统相结合。

（三）提高财务管理人员的综合素质

在目前的大数据趋势中，数据多样性要求财务经理不仅要有足够的能力来执行会计监督，而且有管理会计和实践的经验，通过数据处理和分析获得有价值的信息；了解企业的运作和业务，从整个企业价值链的角度寻找企业价值最大化，这是实现财务经理综合质量的发展目标。我们需要采取三方面的努力，尽快达到以上目标：财务工作者需要重新设计客户的财务过程，尽可能利用财务建议优化客户的产品和资源配置；财务管理需要创新，以提高价值，并利用工业价格、商业模式和其他管理知识积极制定企业战略；财务人员需要专注于财务管理，降低管理难度，加强管理力度。

（四）推进企业财务信息管理一体化

建立企业信息管理平台是避免信息割裂的有效方法，目的是将企业的所有价值链，包括主要活动和支柱活动联系起来。没有资金，任何部门都无法运作。融入财务信息管理使企业能够方便地进行财务调查和反馈，而不是手工收集所有部门的财务信息，

从而避免出现财务不一致现象。建立大量资源和数据交换系统使财务经理能够及时有效地管理企业信息，执行单一的财务报告、资源分配和财务管理以及有效地管理财务资源。与此同时，企业对财务信息管理的综合建设要求企业各部门共同有效地管理财务，从而将企业财务管理的内容和责任转移到不同的部门和人员，各部门共同分担责任。它有利于加强企业管理，深化改革，优化财务管理结构和管理现代企业系统。

（五）防范财务管理信息安全隐患

在大数据时代，没有互联网的支持，经济生活的方方面面都会受到影响，存储和交换信息，处理和分析数据，网络安全是首要任务。安全的网络环境，有利于维护经济秩序和促进发展。有关部门应提高网络安全意识，不断制定新的安全措施，企业应该更加重视网络安全，保护自己免受金融安全的威胁；建立用户授权机制和访问控制系统，以免出现恶意攻击数据系统现象，否则后果不堪设想；开发一个由政府主导的信息管理系统，由多边提供商提供数据处理服务；建立基于企业的信息安全财务系统，以确保安全地收集大规模数据。

（六）加强财务控制能力，增强风险意识

在激烈的市场经济竞争中，企业面临着诸多风险。企业必须通过海量数据和云计算准确分析市场；充分发挥金融杠杆作用，加强金融调控以减少风险，促进企业可持续发展；研发新产品之前，要对市场行情进行深入调查，避免盲目投资；还要注意财务评估的动态，确保资产负债表、流动性比率等数据保持稳定，减少金融风险。投资活动需要仔细分析市场状况、投资回报和融资成本。企业治理必须有一个长期的认识，不能只注重眼前利益。

总而言之，在当今时代，财务管理不只是单一的会计和核算，财务人员的工作将侧重于管理和创造价值，他们将转变为企业变革的管理者、领导者和决策伙伴。

第二节 大数据引发的无边界融合式财务管理

一、大数据时代对财务管理的影响

大数据对社会产生了深刻影响，也促使企业财务管理做出了极大改变——利用大数据创新思维模式以及管理模式，找到新的发展动力。在大数据时代背景下，企

业的财务管理不仅是对企业运营中的财务数据进行分析处理，还要借助信息网络技术把财务管理与企业其他业务领域进行高度联结、相互渗透，如此一来，企业财务管理对企业经营发展的影响力不断加深、加大。简单来说，企业财务部门突破了单一的资产管理模式，增加了数据收集、分析及处理业务，在未来，可能还会把该业务渗透到企业生产各环节。具体来说，大数据时代对财务管理的影响主要体现在以下四个方面。

（一）使财务信息的处理难度增大

大数据技术的深入发展，使得社会各类信息数据呈井喷式增长，海量数据正在逐渐打破边界壁垒，如此一来，企业经营中凡是涉及企业财务活动的信息或对财务有直接或间接影响的数据都在慢慢纳入财务信息范畴，这导致企业财务信息数据量日益庞大，种类越来越多。所以企业的财务工作变得越来越复杂，单纯靠现有信息处理工具显然不能处理如此巨大且多样的财务信息数据，企业需在此基础上引进设备创新管理模式，提高企业财务信息处理效率。

（二）使财务管理的广度与深度发生改变

大数据技术的发展使财务管理的业务范围逐渐扩大，覆盖面越来越广，除了单纯的财务数据信息，还对涉及企业财务活动的信息或对财务有直接或间接影响的数据进行管理，其中包括产品研发、生产、销售等信息。除此以外，财务管理的深度也逐渐加大，除了要对企业的结构性数据进行管理，还要分析大量非结构性数据。由于大数据技术使得信息的质量大大提高，因此对企业财务管理的精确度要求也越来越高。

（三）使财务管理的效率得以提升

大数据技术的深入发展，使得信息收集越来越便利，对数据的分析计算精度也越来越高，使企业的财务管理效率得到大大提升。运用传统的管理手段，需要花费很长时间才能把收集到的数据信息计算出所需结果，现在借助大数据技术，信息处理时效性越来越好，处理时间呈倍数骤减，甚至可以"时"为单位。

（四）使财务管理的风险控制能力得以增强

由于大数据使得获取数据精度更高，因此企业管理层在作决策时依据相关数据，可有效避免决策失误，从而对某些财务风险进行有效规避，降低企业的损失。除此之外，企业可以利用大数据技术，对企业的未来发展情况进行更加精准的预测。

二、大数据时代下的无边界融合式财务管理

（一）无边界融合式财务管理的含义

现代网络信息技术的发展，以及企业经营管理模式与理念的变革，使得企业逐渐打破边界壁垒，业务量不断扩展，财务管理的覆盖面以及影响深度不断加大。在这样的时代背景下，企业的发展必须根据市场及环境的动态变化做出相应的革新，尤其是财务管理，需要与其他业务领域、部门等深度融合。

企业在生产经营管理过程中，会根据各方面需求，划分为多个业务部门，而要将有限的企业资源合理地分配到各个部门，决策者仅仅通过经验判断很容易出现配置不合理的情况，因此必须基于客观数据做出决策。大数据技术是通过对企业经营产生的最新数据进行收集计算，利用先进的加工处理技术，对海量数据进行深度挖掘，为企业制定发展战略决策提供有力支撑。

通过大数据技术进行企业各方面信息的融合，不但有利于更加科学高效地制定决策，也能在最大限度上避免财务风险。除此之外，大数据技术还有一个便于快速提取信息的智能化功能，通过对数据进行充分挖掘，可以获取隐藏的具有高价值的信息数据，从而辅助企业更加科学地进行资源配置，提高企业财务管理效率。

无边界管理理念最早由通用电气原CEO杰克·韦尔奇提出。该理论的真正含义是企业各组织之间、与外部环境之间，最大限度地有机融合业务活动等，有一定渗透性，以便于在各种影响发展的动态因素出现时有足够的应对能力。无边界融合是财务管理要求以企业的战略目标为基础，打破边界壁垒，跳出现有管理模式框架，改变思维，将财务管理渗透到企业活动方方面面，加强与各部门之间的沟通，通过与各部门之间的高度融合，促进企业实现最大收益，保持长效稳定发展。

（二）打破财务管理的边界

根据杰克·韦尔奇的描述，企业组织中主要存在以下四种边界：垂直边界、水平边界、外部边界、地理边界，它们在不同程度上对企业实现部分职能造成负面影响。因此，要实现上述财务管理目标，首先要打破边界。虽然边界无法彻底消除，但也可以通过有效手段打破。

1. 打破财务管理的垂直边界

企业的垂直边界指的是企业各组织之间按照层次级别进行严格管理。传统的管理架构往往具备森严的等级划分，每一层次每一级别担任的职责都不一样，虽然这种模式易于进行行政管理，但也极易形成边界，影响信息传输，导致数据传递具有滞后性。

而要实现上述管理模式，企业便要构建一个具有高度凝聚力的团队部门，上级与下级之间能够进行顺畅的沟通，高度团结，高效协作。除此之外，企业管理层级越少，越容易进行管理，企业内部人员之间关系越紧密，工作氛围越好，越有利于企业创新意识培养。

2. 打破财务管理的水平边界

水平边界指的是企业内各部门间的分界线。财务管理的水平边界即指财务部门与其他部门的管理边界。具有一定规模的企业往往会具有多个部门，诸如技术部、生产部、经营计划部、财务部、人力资源部等。这些部门往往是根据自己的专业领域进行分工的，受专业的影响，各部门分工明确，这导致各部门管理上存在明显的水平边界。各部门工作人员在自己的岗位各司其职，久而久之，部门工作人员可能会更多地考虑到自己部门的利益，很难顾及企业的整体利益，时间长了，企业部门间便可能出现矛盾。为冲破水平边界，财务部门可与各部门进行信息交流，这样一来，可实现企业业务链和财务管理的同步。比如在企业内部，组建不同部门人员参加的工作团队，组织部门间的工作交流，对于无边界模式管理，这是一种很有必要的尝试。

3. 打破财务管理的外部边界

传统的企业关系主要是竞争关系，随着全球化经济的进程，人们发现，以往自力更生、独立自主的企业生存模式已不复存在。如今，多数处于一条价值链的企业都成为合作伙伴，通过合作、互利共生的经营方式，使得价值链上的各大企业均受益不小。财务部门是企业管理中较为重要的部门，财务管理不仅仅是狭义的内部资金管理，还要与价值链各大合作伙伴进行交流，实现价值链上的财务整合，为企业的发展提供更便捷有力的帮助。

4. 打破财务管理的地理边界

随着企业的发展，规模不断扩大，加之全球化经济的到来，企业的各部门也会分布到不同的地理位置，公司财务部门也难逃分散的问题。而为了方便管理，统一战略和节约成本的需要，逐步演化出了新的管理方式，实现财务共享。即把企业中的各个部门某些重复性财务业务发往共享服务中心进行处理，帮助企业将有限的资源和精力专注于核心业务，创建和维持长期的竞争优势。

（三）无边界融合式财务管理的创新

业财融合（业务和财务融合）是一种管理手段，指的是将财务人员调派到业务部门，将业务和财务相结合的管理方式。它并非简单的工作调换和业务融合，而是通过这种方式，让财务管理人员熟悉业务流程和业务知识，塑造出财务与业务相融合的管理体系。财务管理人员通过对业务流程等的学习,可以将财务管理与业务管理联动。这样的管理手段,可以让财务人员悉知业务,便于企业更好地进行财务管理。这样的管理方式,一方面,可以降低企业财务风险;另一方面,当企业作决策的时候,业财联动提供的财务信息能起到更大的帮助。

三、无边界融合式业财融合下的财务管理体系

如图3-1所示,业务和财务融合不是简单地进行人员重组,其前提是企业已经对业务人员以及财务人员进行过全面培训,且企业已具备完善的信息化体系,以企业文化价值为导向,对财务流程进行科学重塑,将财务管理全面融合到企业活动,通过两者高效联动对企业决策提供数据支撑。企业还应制定有效的考核制度严密监督、激励业财团队,使企业价值文化始终贯穿于企业经营所有业务活动,确保企业价值目标顺利实现。

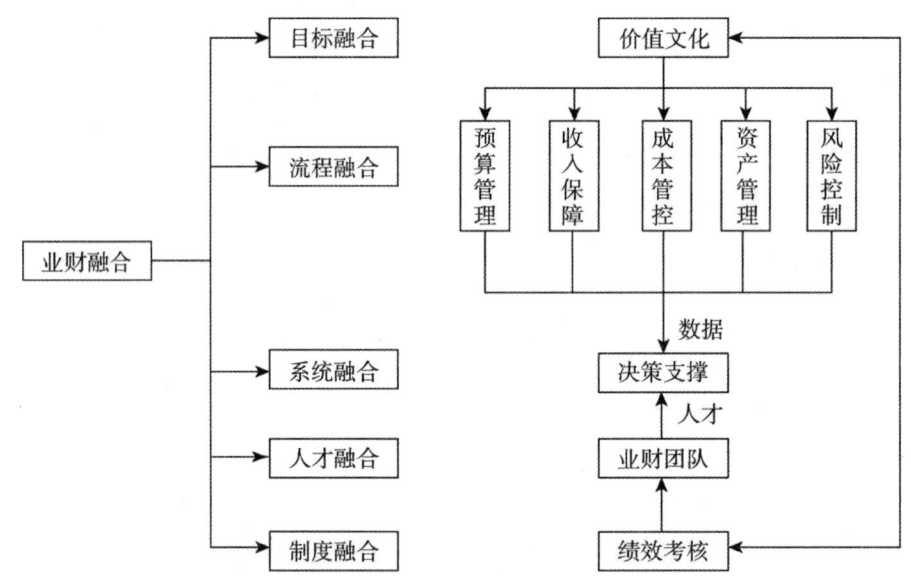

图3-1 业务和财务融合财务管理体系

(一)以价值文化为先导的目标融合

传统的企业管理以追求最大化的企业利润与股东价值为目标,经过发展,现在已经过渡到以追求企业价值为目标。即使业财融合成功实现,企业的价值目标依然要始终贯穿于所有经营活动中。财务管理要始终与企业的发展战略决策保持同步,最大限度地提升财务管理水平、扩展业务影响深度。财务管理还应始终以财务文化为指导,它的存在意义重大,是企业文化的精髓之一:一方面能起到指导方向、凝

聚人心、激励员工、约束行为、教化思想等重大作用，有力推动企业财务管理进一步发展；另一方面能间接凸显企业价值，始终与企业的价值目标保持一致。因此，企业文化是实现企业价值的重要驱动因素，业财融合要始终以实现企业价值文化为指导，以便为企业制定战略发展目标提供动力以及政策支撑，使企业能够最大限度地发挥服务等系列功能。

（二）以全业务流程业财联动为纲领的流程融合

业财融合指的是将企业开展的业务信息和财务信息充分融合，使财务信息深度覆盖企业经营的方方面面，要做到这一点，需厘清财务流程，使两者能够同步进行，必要时能够相互转化。财务预算是开展财务流程的第一步，也是企业经营活动的开始，深度融合预算与预算流程，有助于制订科学合理的预算方案；实现收入是企业经营的最终目的，在业务流程中居于核心地位，各个业务环节的收入应及时收集并汇总，从而建立风险地图实时全程监控，进行收入保障；成本管控是财务流程中不可或缺的一环，不仅能够使财务管理更加精确，也能实时监控生产成本，对资源进行合理分配；资产是企业经营的支撑，将资产管理深入融合到业务流程，可以全面了解企业资产的分配和应用情况；风险控制全面深入企业业务流程，符合全面风险管理的要求，从实施预算、成本监控、资产分配、预防风险等各个方面出发，不仅能够全面监管企业运营状况，还能成为企业决策部署的支撑，切实保障企业财务管理等高效运转。

1. 预算管理

预算管理的终极目标是提升企业价值，它应以企业整体价值链为基础，建立合理的预算体系，便于实施全面管理。首先，确立长远的战略目标，以战略为指导方向，将确立的战略目标逐级分解、层层分配，全面、详细落实到每一个业务规划，明确责任中心和实现期限，将理论变为可操作的实践。其次，预算管理应精准找出企业经营中的增值活动及其积极影响因素，合理分配企业资源至增值活动。再次，预算管理要详细到企业运营的每一个环节，能够清晰反映不同的业务活动的关联点，企业经营强调用业务活动促进预算，进而实现高效预算管理。最后，预算管理要与企业运营中各项要素变化同步，便于及时修改预算方案或业务流程，以此保障顺利实现企业战略目标。

2. 收入保障

收入是企业运营状况的最有力证明，收入保障是在企业经营业务流程和财务数据的基础上进行的数据监控、加工、整合等活动，目的是找出可能导致企业收入损失的风险因素，并针对此制订相应的预防、控制以及改进方案，把收入损失控制在最小范围内。把企业财务与业务管理融合后实施收入保障更有价值，相关管理团队通过找出业务流程中出现的具体财务方面的问题，进行风险预测，能把收入环节出现的风险点深度挖掘出来，再通过完善流程、增强系统支撑力，把"失血"问题有效解决，有力防止收入损失，实现企业收益最大化。

3. 成本管控

近年来，大部分企业已经逐渐发展成熟，它们不再像成长期时只盯着眼前的利益盲目扩张、疯狂提升收入，而是更加注重企业效益与靠创新维持长效发展。企业要想获得长效发展，必须永久保持核心竞争力，而要做到这一点，需要实施成本管控，贯彻落实以最低成本换取最高效益的发展战略。业财融合后，企业的成本管控更加细化、精准，且始终贯穿于业务与管理活动的各个环节。在对业财融合进行全面了解时，财务人员及时把业务成本具体细化，对成本松弛点有敏锐的意识并迅速找到它，针对此提出最优的成本管控方案。另外，企业财务活动与业务活动借助信息网络深度融合后，相关部门通过成本分析系统共享信息，配合更加默契严密。

4. 资产管理

资产管理水平与其利用效率成正比关系，提升资产管理水平才能增加其利用效率，进而有效提升企业价值。比如，合理管控固定资产可以使企业实现低投入高产出；提高金融资产的管理水平能使企业最大限度获利于金融市场。业财融合的成功实施使企业会计等相关人员能够在财务活动过程中全面掌握企业的资产情况，进而提升资产管理水平，即提高资产利用率，在企业资金周转时能够提供优化建议。

5. 风险控制

在COSO委员会发布的《企业风险管理框架》下，内部控制已经由合规型内控、管理型内控向价值型内控（全面风险管理）演变。在这样的条件下，业财融合对财务部门的要求将更加严苛：一方面，要与业务活动紧密联合，最大限度发挥监督职能，及时发现企业经营各环节产生的问题，并通知到各部门协作处理解决；另一方面，要加强对风险的管控能力，不仅要求企业内部风险管控，还要求能处理跨区域、跨部门的风险问题，积极有效促进整改。业财人员要共同组成风险管控主体，形成管控体系，自上而下厘清风险关联点，以提高企业效益为目的，保障企业高效运营。

（三）以决策支撑为核心的系统融合

企业是否良性运行，直接由企业的财务数据以及收益体现，它们是企业向着战略目标发展的重要依据。不同于传统的财务管理方式，企业财务与业务深度融合后要求企业必须借助信息网络的技术手段实现实时、全面的财务管理，进而提升企业决策的科学性与可操作性；有效利用信息技术达到自动化数据生成处理，建立完善的支撑体系，使财务与业务数据完美对接、顺畅共享，为企业打造科学全面的数据化管理平台。

（四）以业财团队为保障的人才融合

企业能够成功实行业财融合的重要保障之一是专业的人才队伍。这不仅要求财务人员有丰富的专业知识储备，还要有高超的业务能力、沟通能力以及团结合作的共赢意识。为了保障人才供给，企业需加大人才培养力度，内部技能宣讲会、专业知识竞赛、季度考核等方式都能有效加强业务人员的能力，为成功实现业财融合提供有力保障。

（五）以绩效考核为激励的制度融合

绩效考核制度对企业实行业财制度高效融合意义非凡，不仅能够对业财融合过程提供监督，还能最大限度地激励团队人员。由于业财团队的人员来自企业的财务部门与业务部门，因此考核应由这两个部门共同执行。如此一来，对团队人员就是双向领导下的双向考核制度。这种方式不仅有利于提升业务人员的专业技能，还能加强团队合作意识，共同为企业提供强有力的财务数据支撑。

总的来说，在大数据时代背景下，财务管理要求能够最大限度实行无边界融合，借助信息网络技术创新管理思维，提高业务效率。在此基础上，企业应有一定的体系创新、优化能力，消融各部门沟通障碍，突破专业屏障，从效益、资源和程序等多角度、多维度进行体系完善，把财务管理与企业经营管理高度连接，从而保证财务管理能够为企业提供更加精细、精准的财务数据，高度支撑企业实现效益最大化。

第三节　大数据时代下企业的财务决策框架

一、企业财务决策的基础

大数据对企业的发展框架、战略决策部署等产生重大影响。而财务数据对企业制订决策计划有着不可忽视的影响，所以企业制定经营决策不可避免地要严肃考虑企业的具体财务指标，获取企业资产、负债情况等。企业的财务情况对市场营销有着举足轻重的影响力，所以应站在企业层面对企业财务数据进行全面把握，才能给出最优质的决策结果。在大数据时代背景下，企业的财务决策是以云计算为载体，通过多种现代通信网络媒介对企业以及有关联的信息数据进行收集，经过大数据处理和操作数据仓储（ODS）、联机分析处理（OLAP）、数据挖掘/数据仓库（DM/DW）等数据分析后，总结出它们的偏好信息，再通过各种决策工具处理，对企业运营中的产品研发、生产成本、销售收入、产品定价、企业融资、资产管理等系列财务问题做出科学有效的决策。

二、大数据在财务决策中的应用价值

（一）提供公允价值支持，提高会计信息质量

海量数据来源的多样化、异质化，改变了单一渠道的信息来源局面，提高了估量计算的准确度，借助大数据，企业可以实时掌握市场经济信息，对各个领域的公允价值信息了如指掌。与此同时，实时监控市场信息，利用云会计功能自动捕获、处理、更新数据信息，从而确保财务信息及时、准确，规避信息不畅带来的系列风险和损失。

（二）集成财务与非财务信息，改善财务决策效果

只有将企业财务与非财务信息进行有效融合，才能做出科学合理的财务决策。传统的财务决策因过度依赖企业管理层的经验与直觉，因此不确定性极高。企业内部通常由多个业务部门组成，它们的划分依据是不同的市场和产品，在这样的条件下，显然单纯依靠管理者的经验判断，很难进行合理有效的资源配置，只有依靠数据分析才能改善这一情况。大数据有天生的数据处理优势，因此能够提取企业最新运营数据进行分析、计算，进而根据企业运营需求推演出合适的财务决策建议。通过大数据把财务与非财务信息高效融合，不仅能够制定行之有效的财务决策，还能减少部分因信息不全面带来的风险。除此之外，大数据在提取财务信息方面具有智能、便捷的特征，能够挖掘到更多利于决策的潜在信息，促进企业资源合理配置，提高企业运营效率。

（三）及时响应市场变化，实现预算动态管理

全面预算是指在以过去企业运营数据为基础的前提下合理制定预算，对一定时期内的未来发展做出运营计划安排。但是，由于市场经济并非静态，企业单纯靠过去的数据做全面预算不能适应市场的动态变化，通常只是限于纸上的理论，并不能实际运用于企业运营。大数据的作用此时得以凸显，企业能够利用它及时获取消费群体的偏好，也能实时掌握产品的成本、价格等基本信息，从而科学高效地实现全面预算管理，使企业个性化经营落到实处，增强自身应对市场风险的能力。

（四）多渠道获取数据，实现精准成本核算

企业应对运营数据进行收集、加工、整理以及成本核算。大数据产生之前的成本

核算是会计人员在产品生产后,将这一时期的生产成本等费用进行汇总结算,然后按照生产情况做出详细分配。大数据的出现,促使企业获取成本数据形式多样化,企业不但能够实时统计生产数据、成本费用等,还可根据各种情况变化及时修改生产方案、材料用量等。企业从业人员的工资情况、进销存单据、生产制造费用等运营数据都可以通过信息平台实时共享,使企业决策层能够因此做出更加精确合理的成本预算。

三、大数据下的财务决策框架

大数据下的财务决策框架由以下四个部分组成:数据来源、处理、分析、财务决策。它们自下而上互为支撑,共同组成一个完善的财务支撑体系。企业财务决策的数据主要来源于各个部门,它们可以分为以下几种数据类型:第一,结构化数据,通过数据库和 XBRL 文件的形式存在;第二,半结构化数据,产生于各类机器和社交软件;第三,非结构化数据,以图片、文字等形式存在。上述数据以云计算平台为载体通过以下现代通信网络进行收集。一是物联网,顾名思义,它在企业生产经营过程中将各类环节产生的数据进行收集整合而形成一个整体,借助云计算平台送入数据库。二是互联网、移动互联网和社会化网络,也是以云计算作为平台,把企业运营过程中产生的各类数据实时收集、分类整理后以不同格式的文件存在,或者存储于 HDFS(分布式文件系统)和 NOSQL(非关系型数据库)中。通过上述网络媒介实时采集企业的运营数据,不但能够保证信息数据的真实性,还能提高财务数据的精确度,使企业做出高效决策。

数据处理层主要是采用 Hadoop、HPCC、Storm、Apatch Drill、RapidMiner、Pentaho BI 等软件,对企业收集到的庞大数据进行筛选,提取有用信息,同时把各类运营数据进行融合。数据分析层主要是通过专业软件,在经过处理的大数据中筛选、提取、分析有用数据,把企业作为中心,向外辐射性覆盖其他各类相关部门的数据,分析其中价值较高的偏好信息。企业经营管理者做出的财务决策一般会借助各类支持工具,如文本分析和搜索、可视发现、高级分析、商业智能等,结合收集到的偏好信息,对企业运营中的产品研发、生产成本、销售收入、产品定价、企业融资、资产管理等系列财务问题做出科学有效的决策。

基于大数据做出的财务决策不仅对企业运营有极大益处,也能为其他各类相关部门提供数据支持。以云计算为平台,通过各种网络媒介收集、处理数据,不将企业经营管理产生的数据存储于自带服务器,而是存于各大云端,不仅便于财会审计工作的开展,还能科学地保存数据,使结果更趋真实。另外,企业生产经营产生的各类数据还能随时接受相关部门的实时监督,从根源上杜绝了企业各种腐败行为的滋生。

第四节　大数据时代下的财务决策新思维

一、大数据在财务决策应用中存在的问题

(一) 数据来源方面

大数据技术在企业财务管理中的应用主要体现在企业通过对企业运营过程中产生的信息数据进行收集、分析、整理及使用等。而企业经营不可避免地与外部环境有利益关联，其中涉及银行、金融、各类事务所等，有多元化的数据来源渠道，因此，数据收集并不能一蹴而就。与此同时，由于数据来源渠道不一，收到的信息数据格式也不同，每一个数据软件都有特定格式，汇集到一起的兼容难度大。以上这些问题，导致数据的收集以及分析整理难度较大，若不能及时有效地处理，将无法为企业决策层提供更好的数据支撑。所以企业应在此基础上建立完善的管理体系，保障数据分析处理等工作能够长远、顺畅地运行。

(二) 数据处理方面

数据处理是对原始的结构化、半结构化和非结构化数据进行加工、计算、编辑、整合的过程。现阶段，发展较好的处理软件有 Hadoop、HPCC、Storm、Apache Drill、RapidMiner 和 Pentaho BI 等。以上这些数据处理软件在结构化数据处理方面发展程度较高，但对其他类型的数据处理相对不成熟。在当前背景下，非财务类型的信息数据对企业运营的战略决策影响较大，所以企业应完善信息处理技术，并首要解决目前尚无法熟练解决的数据类型问题。

(三) 数据分析方面

数据分析指的是对已经收集到的各种类型的海量数据通过提取、参照等系列方法，找出各种数据之间的联系，从而对未来的发展趋势进行一定的预测。现阶段多数企业主要使用 ODS（操作型数据存储）、DM/DW（数据库/数据仓库）、CEP（复杂事件处理）等技术进行数据分析，而普通操作业务员只能使用 OLAP（在线分析处理）技术查询数据。但是随着企业的发展日益成熟，规模扩大，收集到的数据急剧增多且类型多样，目前使用的关系类数据库已经不能顺畅地进行数据分析。为了提

高数据分析效率，企业应把现有数据库更新为多维数据库。建立合乎要求的多维数据库，并对其进行应用设定，在企业当前的发展中是急需解决的首要问题。

二、大数据时代下的财务决策的新思维

企业管理中的业务决策以云计算为载体，通过信息网络技术，对企业各部门发展过程中产生的信息数据进行收集，然后通过大数据分析软件进行分析，进而总结出分析对象的偏好数据信息，再借助各种决策工具进行处理后，为企业进行发展战略决策提供数据支撑。在大数据的时代背景下，财务决策需要新思维的产生。

（一）重新审视决策思路和环境

在当前的大数据背景下，为企业发展做出决策的群体同时也是参与财务及其他决策的群体。大数据思想突破了传统的决策思维——企业经营管理层往往依赖经验和理论做出决策，在当前社会背景下，数据即竞争力——能够收集海量数据，且能够灵活分析、运用数据的能力是企业竞争优势的核心要素。但是以前的财务数据分析，仅针对简单的业务数据以及过去存在的数据，没有全面考虑客户需求及业务流程的动态变化，容易导致企业战略决策出现偏差，定位不准确，使企业经营面临较大风险。大数据技术的深入发展，要求企业能够收集与企业发展相关联的数据信息，从而统一分析、整理，获取有用信息，通过对这些数据进行深入挖掘，对市场需求变化可以做出一定预测。

（二）基于数据的服务导向理念

要想提高市场竞争力，必须要保证产品制造实效性以及高标准服务质量，各部门以及各业务环节高效联动，使企业内部高度凝聚，为企业发展贡献力量。不断收集并更新数据是提高数据分析与运用能力的关键。通过一定的技术手段把数据转化为有价值的信息，在企业内部进行有效信息传递，由相关决策部门提炼并辅助决策制定。信息数据在企业内部进行传递，不论是横向的各部门之间还是纵向的各层级之间，都要始终以最具核心价值的数据信息为主展开活动与决策。大数据技术使得信息共享更加便利，企业从业人员只需要一部移动设备就可以获得想要的信息，这避免了企业内部人员之间信息不匹配的情况，有利于企业的经营生产活动有序进行，有效促进企业发展。企业应对市场有敏锐的洞察能力，能通过数据了解社会大众的消费需求，也可以利用大数据充分了解企业从业人员的创新及创造力。

（三）采用实时数据以减少决策风险

与传统的会计信息不同，大数据时代背景下的数据来源渠道多元化、质量差异大，

运算结果更加精确，能够帮助企业精准获取市场信息，对社会公允价值信息有全面的了解与掌握。与此同时，云会计能够适应市场数据信息的动态变化，自动捕获与分析处理数据，能够实时监测市场发展情况，对数据库进行及时更新，提高数据的时效性与可靠性，保障信息顺畅应用于企业发展各环节，避免财务损失。

第四章 大数据时代对企业财务管理的影响

第一节 大数据时代对企业财务管理人员角色的影响

一、大数据时代对财务管理人员角色的影响分析

如今,处于互联网信息时代,大数据技术迅猛发展,越来越多的企业在财务管理中运用信息数据技术,财务会计人员的工作任务得以减轻,不必再受限于传统的财务管理模式,而在企业运营中扮演着"管理者"的角色。

(一)大数据时代为财务管理人员"管理"职能的发挥提供了条件

在企业发展过程中,财务管理主要负责核算、反映与监督工作。信息数据的采集是财务管理部门工作的重点。在对信息进行整理和归纳之后,财务管理人员根据信息提供的要素和内容为企业的管理提供指导,维护企业发展的秩序。然而,由于受到传统财务管理模式的限制,财务管理人员的工作职能仍旧局限于财务核算之中,管理职能并没有被充分挖掘出来。如今,随着信息数据技术渗透到企业的财务管理,财务管理人员的管理职能慢慢被释放,能够积极地参与到企业的经营管理当中。而且财务管理人员凭借着先进的技术手段和工具,提高了管理效率,优化了自身的管理职能,从而提高了企业的运营效率。

(二)数据生产方式的转变

由于数据生产方式的转变,财务管理人员才能够进一步凸显自身的管理职能,更

好地参与企业的财务经营管理。如今，由于大数据的应用越来越广泛，越来越多的行业运用大数据技术，提高了生产效率，而财务管理工作人员凭借着大数据的优势，解除了传统财务管理模式下工作职能的束缚。财务管理工作中收集到的大数据并不是静止不变的，而是动态变化的，能够实时反映市场中的供需变化情况。财务管理人员在收集到大量的信息之后，对其进行归纳整理，剔除无效价值的信息数据，获取真实有效的信息，然后递交专门的信息中心。负责信息管理工作的员工通过对信息进行分析，按照相应的标准，评估出企业的发展状况，然后为企业的发展提供相应的指导。

二、大数据时代下财务管理人员角色转变的趋势

财务管理人员凭借着先进的技术手段以及管理工具，在对财务信息的生产、管理过程中，实现了从"生产者"到"管理者"的完美转变。而且高级财务管理人员抓住了时代的机遇，不断凸显自己的管理职能，在企业经营管理过程中扮演着越来越重要的角色。

(一) 企业发展的预测者

由于企业正处于财务管理与信息技术相融合的阶段，财务部门收集到的信息不再是静止不变的，财务管理人员不再只是负责信息的收集和处理工作，而是通过对具有动态特征的信息数据进行分析评估，为企业领导人的决策提供指导帮助。因此，财务部门在企业中的地位越来越高，管理职能也越来越突出。在信息的收集方面，财务部门拥有最高的发言权，因为信息的收集工具和方式多种多样，财务部门才能够在较短时间内获取最有价值的信息数据，帮助企业准确预判发展风险，从而有效规避风险。在大数据的支持下，企业越来越趋向现代化，不再受传统管理模式的束缚，而是立足于当下，拥有更加长远的发展目标。因此，财务管理人员凭借着有效的信息数据，能够灵活且实时地反映出企业的发展情况，实现企业的有效运行。而高级财务管理人员利用自身的专业知识和管理技巧，对信息数据做出专业的评估与预测，认识到企业目前存在的潜在风险与未来发展优势，帮助企业领导人做出正确的发展决策。在信息数据的分析评估工作上，财务管理人员要提高自身的参与度，认识到信息预测的重要性，进而实现企业的可持续发展。除此之外，企业在接收到财务部门的预测信息之后，应及时调整自身的发展战略，制订风险应对方案，优化风险防控系统，进而有效规避财务风险。因此，财务管理人员要善于借助智能管理工具，深度分析数据信息，然后做出总结和预测，凸显出自身的管理职能。

(二) 企业顾问和其他部门的合作者

由于信息数据的广泛运用，财务管理人员不再以核算为工作的唯一要点，而是在

企业财务管理过程中更多地承担着反映和监督的任务，扮演着管理者的角色。在财务管理的"反映"工作中，财务管理人员原本主要负责为企业决策提供真实可靠的信息数据的工作，但是由于信息数据技术的普及，财务管理人员能够根据企业决策的需求，灵活地提供相关的信息。在企业的财务管理过程中，企业不再对财务管理人员的财务核算能力做硬性要求，而更加看重财务管理人员对信息的分析能力和预估能力，只有员工能够准确预估企业的未来发展趋势，企业才能做出相应的判断，不断调整发展战略。尽管财务管理人员以顾问的身份在企业内部进行工作，但仍旧要以信息数据作为根本，保证信息数据的真实性和可靠性，客观地对信息数据进行分析，然后对企业的发展情况做出正确的预估。为了适应企业的发展，财务管理人员必须根据企业的需求不断提升自身的管理水平，以管理者的身份参与到企业的决策当中，提供具有实际价值的建议，为企业的发展贡献出自己的一份力量。

（三）企业风险的预警者

作为市场经济的重要组成部分，企业总是不可避免地受到经济全球化的影响。由于世界经济之间的相互作用和影响力加强，企业所生存的环境越发复杂多变，发展的不稳定因素增多，在发展过程中，企业也会遇到越来越多的风险。而为了能够帮助企业有效规避风险，提高对风险的防控能力，财务管理人员必须有效发挥自身的职能，对信息数据做出全面而客观的分析和判断，使得企业的发展具有前瞻性。企业应对突发情况的首要前提就是提前制订好相应的计划来降低风险带来的负面影响，而在此过程中，专门的财务管理机构发挥着有效的推动作用，不断清除企业发展的障碍。因此财务管理人员不仅负责对信息数据的预测评估工作，还要将风险管理纳入工作范围之内。做好风险管理工作的重点在于企业要善于运用先进的技术手段和智能化的管理工具，全面监督企业的信息数据变化，做出实时预估。

（四）信息系统的维护者和个性化信息工具的开发者

随着大数据技术应用范围的不断拓展，财务管理人员在负责财务工作的过程中频繁地使用多种智能化管理工具，利用工具来提高管理效率，提高自身的管理能力，实现了身份的转变。一般而言，在企业管理过程中，财务管理人员使用一些专门的智能工具和软件。这些财务管理软件有的是企业专门向研发企业购买的，有的则是自主研发的。随着逐步的发展，企业对财务管理软件的要求更加严格，更加注重信息管理工具的更新速度，其主要体现在两个方面：第一，随着财务管理人员对财务管理软件的频繁接触和运用，财务管理工作和信息管理工具之间的联系日益密切，不可分离；第二，企业的财务管理工作更加具体和细化，而且管理难度增加，因此，企业就需要丰富多样的财务管理工具加强对财务工作的管理。由于企业在不断发展，新问题的不断涌现使得财务管理人员能够发现信息管理工具和管理方案存在的不足与缺陷，然后根据问题不断对其进行优化，使得信息管理工具能够适应于企业的发展需求。在多次运用和改进之后，财务管理人员在一定程度上已经具备了信息管理工具的维护和更新能力，在受到专业的学习培训后，部分财务管理人员专业能力较强，还能够负责小型财务管理工具的开发工作。在财务管理人员的帮助下，企业不再受到软件企业的信息管理工具的垄断，能够拥有适用于自身发展需求的专门财务管理软件，有效降低研发的成本，维护财务部门的管理工作。

三、大数据时代企业财务管理人员角色转变的策略

（一）改变财务管理人员观念，提高其综合素质

除了外部因素的影响，思想观念的更新和素质的提高在财务管理人员从"生产者"转变为"管理者"的过程中起到了一定的推动作用。第一，从观念层面来看，在财务管理工作中，财务管理人员必须认识到自身的财务管理的工作内容，做好自己的本职工作，提高工作的主动性，积极地投入财务管理工作中。第二，从综合素质方面来看，财务管理人员必须具备以下两种技能：其一，IT技能；其二，事务惯例处理技能。IT技能能够帮助财务管理人员有效地发挥财务管理软件的价值，提高自身的信息评估与预测能力，帮助企业做出正确的发展决策。财务管理人员只有不断提高自身的能力，完善和丰富技能，使管理工具和管理系统得到不断优化，从而服务于企业的发展，提高企业的经营管理效率。如今，基于复杂多变的市场环境，财务管理人员要立足于为企业服务这个基本点，提高自身的信息处理能力，灵活迅速地为企业发展提供真实可靠的信息，然后借助相关手段使得决策更具程序化和自动化。

（二）为财务管理人员建立统一的信息平台

如今，信息的生产和收集不再需要财务管理人员，通过专门的信息采集系统，信息数据可以实现自动化获取。而为了适应于现代化企业的发展，财务管理人员应当具有长远的目光，着重关注非结构化问题，比如：分析企业投资规划的合理性，根据信息数据提供的要素做出年度规划，帮助企业做出正确的发展决策，对企业的财务风险进行有效管理，等等。在此过程中，信息数据为管理提供重要的支撑，信息技术与财务管理的有机结合体现了大数据时代的特征与要求。

统一的信息平台能够使信息快速传播，能使各个部门了解到全面性的信息数据，以便更加深入地了解企业内部情况，及时对自身的工作进行调整，以此来适应企业的发展。而且，建立一个独立的信息中心能够帮助企业提高信息的处理速度，使信息的

评估与预测更加真实可靠，有效降低财务管理成本，及时补充企业管理者的发展战略。通过对信息进行集中处理，企业的价值才得以凸显，形成一种整体经营模式，企业各个部门才能全面均衡发展。

（三）改善组织结构和优化工作流程

首先，传统的组织结构灵活性较差，不容易调整，难以适应企业现代化的发展需求，为了改善这种状况，企业要不断优化组织结构，使其趋于扁平化和柔韧化，更具灵活性和变通性。从整体上来看，企业要建立一种扁平式的组织结构，实现管理、运行、合作、沟通四个方面的有效对接。除此之外，企业还可以建立一种虚拟化的组织结构，以虚拟化的形式、关联性的思维有机地将表面上看起来没有任何关系的信息主体融合在一起，加强彼此之间的合作力度。其次，在工作流程方面，企业要减少那些复杂烦琐的工作程序，将剩下的所有流程纳入考察范围之内，做到全方位、全过程的监督，帮助企业有效规避风险。

（四）加强企业内部控制，明确财务管理人员权责

由于信息技术的发展，企业能够快捷地处理和管理信息数据。在管理过程中，财务管理人员更加关注一些非结构化的信息数据。因此，财务管理人员能够自主地进行管理，充分发挥自身的主观意志。但是，过于强调财务管理人员的主观意志会造成权力的滥用，如果财务管理人员利用权力来谋取自己的不合法利益，会给企业带来较大的损失。在这一过程中，提高文化素质和法律意识是控制财务管理人员的有效手段。为了督促财务管理人员合理使用自主权力，企业需要从以下几个方面入手：第一，明确每一个岗位的工作内容，加强员工对自身职责的了解与认识，然后在后期工作中不断细化工作内容；第二，明确工作流程中的每一个环节和每一个步骤，全过程、全方位地监督工作流程；第三，从管控体系出发，不断完善相关制度，加强制度管理。从内部控制层面来看，企业主要从事前防范、事中控制、事后监督三个方面进行管控，实现对企业的全面控制。

第二节　大数据时代对企业竞争优势的影响

一、大数据与战略论

目前，战略论大致可以分为以下两种：以哈佛商学院教授迈克尔·波特为代表的

定位论；以密歇根大学商学院教授普拉哈拉德与伦敦商学院客座教授哈默尔为代表的核心竞争力理论。

定位论认为，企业或者以产品种类为基础，或者以用户需求为基础，或者以与用户的接触方式为基础，确立其成本领先、差异化或目标聚集的竞争优势模式，进而制定防御型或进攻型战略。

核心竞争力理论主张企业关注客户长期价值，明确自身独树一帜的优势，并沿着这两个相对稳定的主线去拓展产品和业务。

两者的思维模式均是在准确预测和判断未来的基础上制定战略，在战略框架内抓落实，两者的决策主体都是商业精英而非员工和社会公众，两者的决策依据均是相对静止的、确定的结构化数据。

然而，社交媒体和大数据会影响战略论的基础。首先，社交媒体的出现加速了信息传播的范围和效果，社交媒体的普及改善了专业知识的共享和信息的交互，管理决策的主体正在从商业精英转变为普通大众。长期以来，企业经营管理过程中，或是制定的决策受众都主要以广大群众为参照，他们使信息传递更迅捷、建议更加群体化且具备可操作性，在企业经营管理过程中可提供基础性的理论支撑，但同时也为企业运营带来一定的风险及压力。其次，企业运营过程中产生的结构化数据最终需转化成大数据才能成为制定战略决策的基础。大数据包括非结构化、半结构化和结构化数据。网络经济时代的原材料、生产设备、消费者和市场等因素的定义变得越来越多样。高科技正朝着行业整合的方向发展，产业链的界限已经模糊，大量非结构化数据在其中出现。根据Gartner的预测和分析，企业数据信息将持续快速增长，其中80%属于非结构化数据。

大数据将成为竞争的重要因素，并将成为下一轮产品生产效率提高、自主创新能力增强、为客户创造财富的基础，这使得掌握大数据将成为未来企业发展不可或缺的竞争力之一。

在信息技术发展的社会背景下，企业竞争不仅局限于劳动力的产出效率，而且更加注重企业的知识性产物。企业运营所产生的数据信息包含巨大的价值，企业所掌握的人力资源信息以及与客户有关的记录信息是维系企业运营不可或缺的数据，除此之外，其他各种类型的信息数据也能为企业创造巨大价值能量。有个别企业就客户的消费动态流程制作相关视频，内容包括客户开始浏览商品信息、支付购买商品等系列场景产生的数据，都将成为企业抓取客户信息进而借助媒体技术联系客户的重要基础，在此基础上，企业可以扩大规模、招商引资加速产品生产流程等。企业利用专业的信息技术分析提取上述客户数据，可以最大限度地为企业发展提供变革性的基础支撑，也能为企业经营战略决策的制定提供保障，从而推动企业对客户和竞争优势深入了解。

二、竞争战略是否过时

(一) 竞争战略的概念

企业战略管理主要是基于对企业和销售市场发展的管理得以实现，企业的发展战略经理通常是一个不断寻找并发现变化的个体。他不仅必须寻求改变，还必须能够迅速融入这样的改变，而且他必须不断说服企业中的人都有一个核心思想：改变是不可避免的，也是始终存在的。自 20 世纪初以来，西方国家的企业战略管理研究已经开始对企业发展战略转型问题以及由此引发的企业组织转型问题进行详细而深入的科学研究，并且从始至终，它一直在企业战略管理领域核心位置。在大数据时代，社会发展和经济发展的需求变化可谓不可预测，竞争日趋激烈。面对这样的发展趋势，加强对企业的战略管理转型的科学研究是至关重要的。

以竞争为导向的战略思维的形成，源于 20 世纪 80 年代的专家和学者，其中以迈克尔·波特为主要人物，他在企业发展的五个假设影响因素的基础上，清楚地提出了三种竞争优势的物理模型，包括成本领先、差异化和目标聚集。在这一基本理论的具体指导下，竞争成为企业战略思维的立足点。竞争发展战略的基本理论认为，竞争力是企业盈利能力的重要决定性因素，而某个领域对企业发展的潜在价值则是由其构成要素以及领域力的广度与深度决定的。对企业所经营的产业结构有清晰的把握，不仅是制定良好竞争战略的前提条件，也是企业制定产品营销方式的基础。企业在制定战略决策时，需要重点研究所经营的产业具有什么样的特征和布局，尤其是在对企业所面临的五类竞争力量进行详细分析的基础上，确定竞争发展战略，例如低成本和集中化的竞争发展战略。在这种发展战略基础理论的指导下，企业领导者感到企业成功的关键是在具有良好发展前景的领域中选择战略构想。

(二) 大数据时代的商业生态

传统的企业发展战略管理机制是解决困难的积极思路。首先发现问题，然后基于分析寻找要处理的逻辑关系。但是，大数据环境中的企业发展策略是不同的。它是按收集数据信息、量化分析、查找内部连接并明确提出改进计划的顺序执行的。这是一种主动的思维方式，它使企业能够提高发展战略层次。

在大数据极速发展的当今社会，互联网等通信技术为庞大的数据量提供了良好的存储平台，云计算的日益完善，也使得金融圈对数据的采集、整理、传递等更加快捷。这对商业等方面的知识传播以及社会科技的发展意义重大。企业在制订发展规划时，不仅会面临内部的激烈竞争，还需要进一步对系统内的环境加以适应。在大数据的环境中，企业实体网络和虚拟网络是结合在一起的。随着数据信息和用户网络效应的增强，它促进了信息量和用户数量的迭代更新，并完成了资源共享和互惠互利，进一步加强商业生态系统的运营模型以及可持续发展理念。

1. 市场洞察的实时与精准

大数据技术对信息的实时处理，早已渗透商业圈的每一个传输环节，甚至是每一个商业主体之间的联结点。在竞争和合作的离散系统的相互影响下，可以立即对由一方引起的所有需求和规定加以反映，实时准确地了解市场的需求和客户的变化，并特别指导企业提高产品和服务的自主创新速度，缩短产品生命周期，并以人性化和多样化的数据与信息为基础，对目标客户群体进行更加详细具体的划分。

2. 企业运作的合作与协同

在当前的金融市场环境中，企业和行业已不再有清晰的边界限定，二者已经高度融合，且变得更加包容开放。在大数据几乎占据半壁江山的社会背景下，基于通信网络平台，企业选择合作对象的范围更大，因此整个商业圈的经济主体结构在不断变化，企业间的合作方式主要是高度信息化的企业经营模式，是一种非线性运作方式，体现在两个方面。第一，企业在完善原有供应链的基础上做出较大调整，采用互联网为经营平台，以绿色生态为重点，明确分工，加强合作，以双赢为目标。第二，按照协作商务模式在企业之间建立紧密的合作关系，从而使分布在不同区域且没有结构层级之分的数家企业结成非静态的合作关系；在大数据背景下，整理并认真研究商业圈内的新兴成员间的合作结构和运营体系，进一步提出该系统内完善资源、促进共享的优化建议。

3. 社会公众的互动与反馈

在大数据极速发展的社会背景下，整个商务圈内的每个经济主体之间的竞争与合作非线性的功效可变得更强，并且其网络结构也更脆弱。将客户参与作为关键因素的自主创新方法会对业务服务生态系统产生影响，其冲击力更强。在大数据环境中，海量信息的关键来自互联网客户独立创建的信息和数据。从产品设计、生产和加工等价值创造阶段就重视群众的参与、互动交流和反馈，进而促进产品和服务的不断完善和自主创新，完成企业与社会群体的和谐发展，全面消除传统的"闭门造车"模式，促进商务生态系统持续改进和协同发展。

三、大数据时代对企业核心竞争力的挑战

（一）核心竞争力的要素

竞争发展战略在信息网络全面发展的社会背景下衍生出第四种类型：企业大数据

和云计算技术。相对于传统的竞争发展战略来说，它的出现是一个变革性的创新发展过程，因此企业管理层应在企业运营中将其作为最基本的发展战略。大数据和云计算技术的发展战略可以作为企业设计的基本发展战略。因此，数据和信息竞争早已成为企业提高核心竞争力的重要工具，它可以将来自各个领域的庞大而分散的数据组合在一起，形成一个清晰、直观的竞争体系，便于企业管理层敏锐地抓住竞争环境中的动态变化，全面了解竞争对手的底细，并能基于这些信息迅速制订行之有效的竞争方案。

企业经营管理中面临的竞争力已然发生巨大的变化，数据信息突破传统竞争力如高级人才资源等，一跃成为当代企业发展的主要竞争力，数据信息已成为拥有智能系统的企业最重要的媒介。企业随时随地灵活获取和使用的此类信息和数据，可以正确地指导企业完善工作流程，协助企业做出科学的管理决策，增强企业的管理能力。

IDC、McKinsey 和 Company 对大数据进行了深入研究，总结出可以从以下四个方面找到可能隐藏的巨大的数据价值。

一是把消费群体进行细致划分，再根据每个群体的特征制订不同的行动方案。

二是借助大数据技术，对现实发展状况进行高度复原，从而总结出新的发展要求，使企业投资能够产生最大回报。

三是利用大数据技术，开放共享企业内部运营信息，使企业各部门高效联动，提高管理水平，使产品能够创造最大价值。

四是全面提升企业效率、产品质量，增强自主创新能力。

可以看出，大数据对企业的核心竞争力提出了挑战，影响了数据信息的收集、分析和共享，为企业提供了一种新的升级的数据研究方法。数据信息正在成为企业最重要的部分。数据统计分析能力正成为企业占据销售市场的关键竞争力。因此，企业必须将分析和合理使用大数据作为新形势下提升企业核心竞争力的关键策略。

（二）产业融合与演化

企业运用财务管理目标来改善对企业财务资源的控制和管理，从而达到最大化企业收益的总体目标。其中，最终的总体目标是提升财务能力，从而在应用会计资源和解决财务风险的整个过程中超越竞争对手的资源优势，关键包括以下标准或能力。

一是建立财务管理体系的能力，财务管理自主创新能力及发展能力，使企业有足够能力识别并应对相应的财务风险。

二是基于企业财务管理的效果，做出相对的管理方案调整，使企业财务能够成为企业管理层制定发展战略的重要支撑力，进而打造企业竞争优势，在激烈的竞争中有一搏之力。

随着大数据时代的到来，产业整合和分段协作的发展趋势日益显现。一方面，从大数据的技术本质出发，传统上认为没有联系的领域开始出现不容忽视的关系，大数据的探索和应用促进了不同领域的融合。另一方面，在大数据时代，企业与外部各方之间的互动越来越紧密，企业之间的竞争也越来越激烈。一直以来，隐藏于自上而下的业务活动中的"机会"能够使企业发展遥遥领先，凸显竞争优势。在大数据技术全面普及的社会背景下，整体的企业产品生产流程已发生了革新性的变化，企业获取外部环境资源的方式、创造并利用价值的方式等都发生了相应变化。基于此，企业应对产业布局有全面而清晰的把握，对影响企业发展的竞争力，如隐藏的竞争对手、产品替补情况等有详细的了解，以便于企业在大数据环境下制订相应的竞争应对方案。

（三）数据资源的重要性

在大数据时代，数据信息已成为一种新的资源。对于企业而言，及时加入大数据方面的激烈竞争是当务之急，并且具有很高的产出率。但是，数据信息就像原材料一样，必须经过一系列市场化过程才能转化为普惠广大群众的产品。企业使用大数据技术的目的是提高企业管理决策的合理性，其实质是在新时代集成人机合一的企业战略决策系统。根据企业内部决策支持系统的收集、分析、服务和操纵等，区分企业及其领域的发展趋势，及时捕捉市场环境以及消费者断断续续的动态变化，除了对本身有清楚定位，还要清楚竞争对手的强项，在企业规章制度等框架下制定科学的发展战略决策，且需掌握大数据技术，对企业资源进行高效整合，从而利于决策制定与实施。

另外，企业发展离不开外部环境，两者有机结合才能制定出利于企业发展的战略规划，也能使企业在激烈的市场竞争中立于不败之地。

大数据的行业前景广阔，在各个领域的贡献也将很大。在这一阶段，大数据技术的性能似乎无法达到估计的效果，关键是要结合信息社会中的市场需求。企业无论是面对竞争对手还是面对合作伙伴，灵活、合理运用大数据都将为它创造出实际的价值。只有寻找到好的利润和商业模式，大数据产业才可以获得持续发展。

（四）企业不同生命周期中的财务战略与核心竞争力的关系

为了提高企业的核心竞争力，开拓新的资源获取渠道、合理分配所得资源都是企业需要解决的必要问题。其中，财务资源是支撑企业发展的必要资源，因此，科学管理财务资源不仅有利于企业良性运行，还能在很大程度上提升企业的核心竞争力。

1. 企业竞争力形成的初期采取集中的财务战略

企业竞争力形成的初期，其竞争能力已初具雏形。在这一阶段，企业基础较薄弱，创新优势不明显，企业盈利能力较弱，所要面临的各类风险较多。另外，在此环节中迫切需要扩展销售市场，并且必须使用大量资金。在此阶段，由于企业的信誉度不够高，且对外开放筹集资金的能力较弱，为了维持企业良性经营，可采取集中财务的手段筹资，即集中整合企业内部资产，将销售市场进一步扩大，为企业增强竞争力奠定坚实的基础。就企业融资而言，少量银行贷款等筹资方式比较适合这一阶段的企业，因为在这一阶段支撑企业发展的可利用资金大部分来自企业内部，而内部资产以个人资产为主导。因此，本时期股权融资的最佳方法是企业内部股权融资。在项目投资方面，为了更好地降低财务风险，企业应选择包含发展趋势的投资建议，探索企业的整体实力，并提高流动资产的使用效率。这种集中核算的战略定位非常重视企业内部资源的开发，可在很大程度上有效避免一定的运营风险。就利润分配而言，企业应改革当前的分配制度，将企业盈利所得资金分配至市场开发模块，这不仅有利于充盈企业的内部资产，还能为企业提升竞争力创造坚实的物质基础。

2. 企业在核心竞争力发展阶段采用扩张财务的战略

当企业竞争力处于发展阶段且日趋成熟，这一阶段的核心竞争力逐渐保持稳定并具有一定的连续性，此时企业应更加注重资产的分配，除了必要的交易成本投入，还要注重打造企业知识产权，维护发展资源。在此期间，企业应充分利用并增强其核心竞争力。就财务管理而言，企业应充分扩充财务储备，进而保障企业资产的充盈；就股权融资而言，企业可通过适当增加银行贷款等方式大量筹集资金；就项目投资而言，企业应慎重选择适合当前发展的一体化投资方式；就利润分配而言，企业应保持利用现阶段的利润分配制度，进而塑造企业形象，扩大影响力。

3. 企业在核心竞争力稳定的阶段采用稳健的财务战略

在企业竞争力日趋稳定之后，企业可根据自身发展状况，转移部分资源，制定稳健的财务管理策略，用以规避部分财务风险，从而稳定提高企业资产。在这个方面，企业可以采用适度的债务筹集方法，由于此时企业具有相对稳定的盈利资金使用方式，因此该方法可以很好地用于减轻企业的贷款利息压力。在项目投资方面，企业应采用多元化的投资方法，并能够在利润分配方面实施持续增长的利润分配方法。此阶段，企业的综合实力逐步增强，资产积累也达到了一定的数量，并且具有很强的偿付能力。因此，企业可以选择现行的持续增加股份制分红政策。

四、大数据时代企业竞争优势的演化方向

（一）对企业内外部环境的影响

大数据早已渗透到各个领域和业务流程，并已成为关键的生产要素。大数据的发展与生产力的提高有着直接的联系。随着互联网技术的发展，数据也进入了爆炸性增

长阶段,迅速获取和分析大量多样的交易数据,从而完成信息的使用价值最大化,即大数据的使用对于提高企业的核心竞争力和抢占市场的先机将变得至关重要。大数据由于其巨大的经济利益,已经成为推动信息产业转型的新引擎。大数据将在产品开发、设计和工艺测试改进的步骤中带来颠覆性的变化,提高企业研发效率。相对于传统的服务行业,大数据的发展大大促进相关的金融行业快速创造巨大商业价值。大数据为转型升级传统制造行业提供充足的推动力,也促进了创新型产业的创建与发展。在不久的将来,社会发展将依赖大数据与其他传统行业,尤其是与制造业密切配合,从而推动新型大数据行业的创建与发展。

(二) 获取竞争情报的新平台

大数据的环境具有典型的开放特征。企业使用大数据可以大大挣脱时间和空间的约束,并为企业的发展建立更高的服务平台。此外,业务运营环境的偶然性和变动性不断增加,企业运营模式也应随着发展而不断调整。只有确保与外部环境的发展趋势保持一致,企业才能在市场竞争中立于不败之地。

大数据的使用为企业的管理决策提供了客观的数据基础。企业的管理决策将不再仅仅依靠管理者的想法和工作经验,而是依靠大量完善的数据管理系统来改善企业的管理。决策的准确性为企业的战略定位指明了道路,提高了企业的竞争力,并扩大了企业可持续发展的空间。在大数据时代,企业的关键情报信息来自以下两个主要方面。一方面,来自互联网。企业可以使用完全免费或付费的方法来获取最前沿的数据和信息,包括市场竞争信息、客户数据等。其中,市场竞争信息是指利用电子商务网站获取同行业竞争者的产品、市场价格和营销方式,使用主流媒体新闻活动、发布的企业专利专栏和企业数据库熟悉竞争对手的状况。客户数据是指使用电子商务网站和重要门户网站来获取的建议或意见。另一方面,来自自身渠道。企业可以使用内部信息系统、门户网站或网页以及在线客户服务系统来分析和提取自己的数据。对于自己的关键业务流程,应充分考虑数据的安全性,应在企业自己的服务平台上运行该数据。

(三) 实践中的创新尝试

大数据技术不仅使社会经济发展的各个环节以及各个商务生态链自上而下、由内而外地紧密结合在一起,还被逐步地广泛应用于经济市场的开发与维护。以企业供应链管理为例,基于大数据运营,可以实现供应商平台、仓储物流、运输物流等供应链管理各个阶段的集成和完善的数据统一管理方法,全方位的资源共享,最终实现供应管理的自主创新。IBM曾对来自世界各地的许多经济领域的研究专家总结的数据进行深入分析,发现全世界的传统供应链都不可避免地出现了管理效率不足的情况,这导致损失严重，受损金额高达全球 GDP 的 28%。

借助大数据技术，利用通信网络这一平台，零售企业可以通过收集客户购买商品的足迹数据，分析其消费偏好，从而构建一个从推销产品到订单发起直至完结订单的模型，打造完整的线上与线下结合的供销链，实时监测产品库存并做出相应预警提示。另外，这个模型还可以根据消费需求制订新的销售方案，及时更新库存信息。企业可以在创建集成了多个订单管理系统控制模块的单一服务平台的基础上，指导客户完成零售购买方式的选择，购买、付款等各个阶段都是在线和离线随机形成的。根据后端系统，各个阶段的数据进行连接和共享资源，还可以节省大量成本，精确提供库存货物量，大大提高企业服务质量，使消费者的购物体验需求得到最大限度的满足。

第三节　大数据时代对企业财务决策的影响

一、大数据时代下数据质量的保证

（一）管理环境的挑战

在当前的社会背景下，社会每一个独立的个体都能产生大量的数据信息，企业的运营活动也可以通过数据来进行展示与衡量。因此，提高大数据的质量、对大数据进行有用信息挖掘、应用是企业迫切需要解决的问题。对于数据收集、存储等环节，公司必须制订详细而彻底的数据质量管理计划。在设计数据库时，必须考虑到大数据可能在各个领域产生的许多意外情况，并使用专业的数据采集和分析工具，专业的数据管理人才改进大数据的管理方法，增强数据员工的质量意识，确保大数据的质量，然后发现大量准确、合理、有用的信息。基于云计算技术，在当前的大数据背景下，对采集数据、制订管理方案以及发展计划的实施和评估造成一定的影响。根据研究方向和研究现状，在当今我国企业发展的全过程中，使用数据驱动的企业具有良好的内部内容和经营状况，显示了其经营状况的实际结果。大数据中的数据内容具有创新性，对知识经济时代各种规模经济的发展具有关键影响。大数据的应用早已成为企业完成智能化发展的关键要素，大数据为企业战略决策水平的内容提供了新的环境。

（二）流程视角的挑战

从步骤的角度，即从数据生命周期的角度来看，数据生产过程可以分为三个环节：

数据收集、保存和运用,对提高大数据的质量而言有不同程度的挑战。

首先,就数据采集而言,数据来源渠道不一决定了大数据类型多样。不同的个体、群体等产生的数据不同,因此数据来源渠道不一,相应的结构层次也不同。企业需确保所采集的数据质量符合要求且进行科学的分析与整合,任务艰巨。许多不同数据源的数据之间存在矛盾或差异。对于少量数据,通过编写简单的匹配程序甚至手动搜索的方式,就可以完成多个数据源的检查并精确定位不一致的数据。不过这种方法在大数据的情况下似乎并不具有足够的能量。另外,由于大数据的变化速度相对较快,因此某些数据的"有效期"较短。如果公司未实时收集所需数据,则有可能收集"过期"和无效数据,使得大数据的质量在一定程度上受到损害。数据收集环节是整个数据生命周期的开始,良好的开始才能为后续发展提供良好的基础。所以企业应从这一环节着手,找出产品质量问题产生的根源,进而保障从海量数据中提取出高质量的数据信息。

其次,由于大数据类型多样,因此对数据存储技术要求较高,单一的数据结构远远达不到存储需求。为了有效进行数据存储,企业应借助专业的数据存储技术和存储设备。据统计,当前国内多数企业运营数据以及业务活动所产生的数据大多是结构化数据,企业大多沿用传统的存储系统将数据存于关系数据库;而针对非结构化的数据,需要进行结构转化,以使其达到存储条件和要求。这种存储手段只针对少量数据而言,无法处理庞大的数据量,且在此条件下产生的数据结构烦琐、转换速度更快。一旦转换方法不合理,它可能立即危及数据的一致性、有效性。数据存储是数据质量的保证。如果不能以一致、详细和合理的方式存储数据,那么就无法谈论数据质量。因此,如果公司要充分探索大数据的核心概念,则必须首先将传统的结构化数据存储和处理方法更改为同时考虑结构化和非结构化数据存储和处理方法的另一种方法,并逐步提高企业的业务水平。在完善大数据的环境下加强数据库的基本建设,以确保大数据的质量。

最后,在数据应用程序环节中,数据价值的充分利用取决于对数据的合理分析和应用。大数据涉及许多应用者。在许多情况下,数据是连续获取、分析和升级的。在应用中,任何阶段发生的所有问题都将可能危害企业系统中大数据的质量以及最终管理决策的准确性。数据及时性也是大数据质量的关键方面。如果企业无法快速分析数据并不能立即从数据中获取有效信息,将失去抢占市场的主动权。

(三)技术视角的挑战

在当前的社会背景下,如何保证所采集的数据的质量面临着巨大的挑战,这些挑战普遍存在于技术层面,比如数据存储系统构建技术、质量检测技术、有用数据识别技术、数据分析处理技术等。合理应用上述技术对大数据进行处理，不但可以帮助企业做出科学合理的发展预测，还能为企业的管理提供有力支撑。确保上述优势的前提是要保证高质量的数据采集。

若企业数据量小，可以采用关系数据库进行数据存储。一般情况下，任何一个企业的数据库中都有至少上千条的数据信息，数据量小时可及时检测出数据库中未达到标准要求的数据，且测试时甚至可以"秒"为单位。在大数据发展的当代社会，企业所产生的数据量庞大且结构多样，每一条数据之间都有千丝万缕的联系。而要检测出未达到标准要求的数据，通常需要数百万甚至数千万的记录或句子。传统技术和方法通常需要几个小时甚至几天时间完成这项工作。从这个角度来看，大数据的环境对数据质量测试和管理方法提出了巨大的挑战。在这种情况下，传统的数据库技术、数据挖掘专用工具和数据清理技术长期以来无法应对大数据时代在处理速度和分析能力方面的挑战，这要求公司根据自己的需要制订合理的计划，引进先进数据存储设备，通过开发先进、智能、专业的大数据分析技术和方法，以完成大数据中数据质量问题的检查和识别，以及大数据集成、分析等实际操作，足够获得并探索大数据的潜在使用价值。

（四）管理视角的挑战

从管理视角出发，重点是探讨企业管理层、专业的技术团队等为了保证数据质量所做的必要努力。

首先，企业管理层必须对大数据的管理手段有充分的认识且会合理应用，只有这样才能顺利构建一套行之有效的数据管理体系，有力推动实时监测数据质量。对数据的质量管理认识应从上而下深入每个员工，如此一来才能全面提升数据质量，最大限度挖掘数据价值，为企业精准定位以及提升核心竞争力提供保障。

其次，技术专业数据管理者的配置是确保大数据质量必不可少的部分。大数据本身的多样化使数据管理的难度大大增加，因此企业迫切需要相关的专业人才——能够熟识相关技术、了解企业运营流程的复合型人员，而顶级数据官（Chief Data Officer，CDO）是其中的佼佼者，他是企业确保数据质量的中坚力量，能够根据企业的发展状况，制定相关的管理活动实施数据的高质量管理。

目前国内数据管理质量水平不高、方法落后的主要原因是缺乏CDO这样的人才，过时的数据管理方法是危害大数据使用和阻止大数据品牌推广的关键因素之一。在大数据的自然环境中，传统的数据管理方法远远不能满足数据质量的要求。过去，大多数公司负责整个运营过程中的数据，IT部门主要监管企业信息网络，如此分工明确的管理方式容易造成销售人员对分析工具的混乱使用；因不了解数据来源和数据代表的含义与价值，造成 IT 人员对数据分析错误甚至解释错误，不利于企业精准、有效地制定管理决策。因此，企业应进行资产重组以进行组织系统和资源分配，在企业管理层面设置数据分析、管理方法。CDO 的存在是企业成功进行资产重组的关键之一。

另外，企业还应针对数据质量指标设置高端人才系统，包括数据库研发人员等。全方位、多角度、多层次保证数据质量，最大限度挖掘数据的隐藏价值，为企业创造最大效益。除此之外，企业内部人员应全面了解企业运营活动过程中所产生的数据信息，清楚数据的来源，如此一来，便于企业选取合适的人才来进行数据质量测试和处理。例如，在数据获取环节中，应由特定的专业人员负责记录元数据，以促进数据的呈现，确保企业的所有人员对数据具有一致且正确的理解，并确保大数据的质量。

二、大数据对企业管理决策的影响

（一）大数据环境下的数据及知识管理

1. 大数据的数据管理

大数据技术的发展不仅使企业的发展战略部署更加科学合理，也使企业的文化价值得到有效丰富与传递。由此可见，数据在企业发展中处于一个关键性的战略地位，因此，对数据质量、内容进行高效管理，对企业发展具有深远影响。若企业忽视数据管理与存储，就会造成大量有效数据得不到保存，对企业进行经济市场环境的分析有严重的负面影响，不利于提升企业核心竞争力。

传统上，人们认为财务会计的基本职责是核算和监督。企业财务人员的主要职责在于财务会计账单的审核、报告和存档等基本任务。这种布局将在大数据时代产生并且已经产生了变化。财务会计已从"核算财务"变为"价值提高"。大数据的数据管理方法过于烦琐，必须提取和集成整体解决方案，以确保大数据处理的质量。在此基础上，总结各种类型的信息和内容，并生成数据。数据处理必须满足相关要求，将数据实时分析的内容作为处理的关键内容，才能发现实时数据的实际作用。从表面上看，对实时数据的正确处理必须给予足够的重视，并且数据中间的相关内容显示出相关性的特征。大数据的出现促进了数据中的各种内容显示出相关性的特征，并改变了传统的因果关系管理体系。这种方法的变化促使大数据完成信息挖掘，提高信息的稳定性，最大限度挖掘三大数据的隐藏价值。

2. 大数据的知识管理

从知识管理层面出发，数据本身带有较高的专业知识属性，它是企业管理决策内容中不可或缺的重要因素。在当前的大数据时代背景下，企业要想在战略决策层面获得专业知识内容，就必须探索大数据的各种数据，然后获得丰富的知识体系。根据以上分析，数据管理方法和知识管理可以在一定程度上反映企业大数据的发展趋势，确保两个层次的协调发展，并鼓励企业在整个过程中深入探索和应用大数据，升级企业发展模式，提高企业综合竞争力。

在大数据时代，企业的自主创新主要围绕专业知识产权，且更新速度日益加快，产品制造时限更短；在大数据几乎占据半壁江山的社会背景下，基于通信网络平台，企业选择合作对象的范围更大，因此整个商业圈的经济主体结构在不断变化，企业间的合作方式主要是高度信息化的企业经营模式，属于一种非线性运作方式。企业对消费市场的划分主要基于类型多样的数据，行业间的融合也越来越容易，这种条件下，企业内外部信息、资源和其他要素的流动，有利于自组织现象的出现。以专业知识为关键因素的技术创新的影响使企业生态系统的起伏受到更大冲击。因此，宝贵的数据是企业制定业务战略、技术创新和发现消费者需求的指南针。它也是改变企业生态系统的有序结构，促进企业由原始的稳定状态进入新的稳定状态。

（二）对管理决策参与者的影响

1. 凸显数据分析师的价值

在大数据的环境中，数据分析师已经展现了自己在企业战略决策的实际参与中的关键作用。数据分析师可以应用各种实现方法（例如统计分析和分布式处理等），基于大量数据对所有业务流程的实际操作进行合理的集成，并以便捷的方式将信息传递给领导者。但是当前缺乏数据分析师之类的杰出人才，此类人才必须经过多年的培养。大数据的内容改变了始终仅依靠工作经验以及自身专业知识和管理能力的管理决策方法。依靠直觉的判断方法也得到了改进，取而代之的是精确的数据分析，领导者的管理手段也发生了相应的更改。由于传统企业的生产经营过程相对缺乏数据的使用且数据缺乏完整性的特点，高层管理者只能根据自己的工作经验制定战略决策。大数据的出现可以基于数据的基本分析，从客观事实的角度考虑，并整合管理者的管理经验，这对管理决策的准确性具有驱动作用。对于企业的一般管理人员和员工，可以给他们提供管理决策所必需的信息内容，从而使企业决策内容对内部员工更有益，也能使管理水平更进一步得到提升。

2. 创新以大数据为基础的关键业务和活动流程

大数据技术日益发展，企业内外部环境中的各种要素也在随之进行重新组合发展，以大数据为基础的关键业务计划的自主创新是企业生态系统核心竞争力背后的驱动力。基于大数据的自主创新的关键业务和活动计划包括以下三种。

（1）以大数据为基础优化业务流程，提高工作流程推进效率。例如，货运物流企业可以通过对合作伙伴的多维大数据进行分析，找到公司物流运输的最佳运输方式和路线，从而提高物流运输的效率。

（2）将大数据用作公司主题活动的重要资源，并基于发现业务生态系统合作伙伴的买卖数据，独立创新公司生态系统的价值主题活动，以及客户的购买数据和产品质量数据之类的重要资源改善产品的设计和特性，为企业创造新的价值突破点。

（3）用大数据主题活动替代企业的传统业务和步骤，为企业生态系统创建新的运营模型和合作方法，例如沃尔玛和宝洁，基于数据分析生成协同库存管理服务数据的更改，以及更改传统库存管理的业务类型。

（三）对管理决策组织的影响

1. 重构决策权

大数据背景下，企业管理中的决策参与内容随着全员参与内容的变化而变化，后者使前者对决策权做出重新分配调整，并对企业的组织内容产生了严重的影响。通常从以下两个层次分析决策组织：一个是集中式和分散式决策的选择；另一个是决策权的分配。

从组织理论方面出发，通过深度分析集中与分散两种层次的决策内容，可以看出：企业组织全程很少会受到可预测的环境影响。在不可预见的环境中，分散的决策结构对于管理决策具有关键的指导意义。但是，在动态变化环境中，分散决策可以充分发挥集中决策无法发挥的作用，并有利于企业管理决策的制定。

此外，企业组织结构的内容仍在一定水平上受到专业知识的普及和专业知识迁移的影响。一旦企业内的高层管理人员处于集中状态，就必须根据集中决策结构来制定管理决策内容。

根据基于决策权实际分配的分析，企业在市场竞争中没有优势的关键原因是因为实际决策权并未分配给个人，而基本的人员的要素尚未得到准确评估，这严重影响了管理方决策的内容质量。员工在企业生产和经营的整个过程中掌握的专业技能和基本信息越多，理论上的决策权就应该越大，专业知识和权力在企业层面上的匹配程度就越高，它表示在开发各种管理方法时决策指标方面的内容越好。信息技术和互联网技术的当代发展，应建立在金字塔式代表的传统管理方法和组织方法的基础上。长期以来，它已逐渐成为人本思想管理的重要内容之一，企业的管理层次趋向简单，管理效率日渐提高。

大数据的发展，不仅使企业信息传递更加迅速，共享环境更加开放，也使企业普通员工能够了解到企业决策中的重要内容。这进一步推动了企业管理结构向简单高效的方向发展，利于企业管理层对资源分配以及发展决策做出相应的完善与更改。企业在制定管理决策之前应充分考虑并吸收采纳企业全体员工反馈的决策内容，结合大数据技术，构建最基本的管理体系。

2. 重塑企业文化

大数据的发展，使得企业的管理决策对企业塑造文化价值产生一定程度的影响，但值得重点关注的一点是，这样的时代背景下，并非单纯依靠大数据提取出决策的相关内容，而是通过应用大数据获得一定启发，将大数据运用到企业管理方法的决策层面，合理改变思想层面的内容。当遇到重大决策时，有必要收集和分析数据内容，以确保各种类型的内容都能进行准确合理的决策。另外，要提高数据应用的实际执行能力，企业内部管理人员还必须基于数据促进企业内部管理策略文化的产生，并根据实际情况进行有效的分析。在企业发展的全过程中，为了利用大数据改善内部控制和管理决策的环境，企业管理者对企业的整体文化规章制度以及各种内容进行了自主创新，基于大数据提高总体决策的客观性。

为了从大量的数据中发现对决策具有实用价值的数据，企业必须经历一系列复杂的过程，例如发现、获取、生产及自主创新。此外，企业的所有人员都必须参与数据管理和操控，使企业决策可以有效覆盖到企业发展的方方面面。在一定程度上完善数据处理规则，在企业内部形成自上而下的数据管理与应用意识，从而打造良好的企业生态系统文化；构建制度文化，形成高质量采集、分析处理、传递、共享数据的完整体系；建立监测机制，高度保证数据安全等。

在企业内部形成一种高度重视数据管理应用的良好氛围，通过开展技能培训、数据知识竞赛等方式，一方面可以激励员工，另一方面可以加深其对数据的理解与应用，进而创建良好的企业数据文化。

三、大数据时代下的企业决策管理

(一) 大数据时代下企业决策管理的困境

1. 环境更加复杂

一方面，大数据的发展使企业决策覆盖范围更广阔，且对企业进行决策提供了有力的数据支撑；另一方面，企业管理中面临的决策环境也正在加速改变。与企业经营管理相关的各类数据信息，尤其是未按规划发生的事件产生的大量数据迅速传递、储存，从客观层面要求企业要根据云计算服务尽快完成数据的整合，企业决策管理系统可以全面探索、收集、整理、存储企业运营中产生的海量数据信息。企业的内外部环境动态变化在一定程度上阻碍了企业进行决策时对信息的采集与处理、决策内容的出台与实施，从而加大了数据管理难度。

2. 与企业决策相关的信息价值甄别难度大

大数据技术的快速发展，人类社会中产生的数据量增加速度快到无法形容，每年产生的海量数据甚至已经高达 ZB 级。庞大的数据量同时也隐藏了庞大的信息量，这远远超出了当代多数相关人员对数据的管理能力，不但使企业处理信息的工作量剧增，也给传统的数据管理技术和手段带来巨大挑战——无法合理地探索众多数据潜在的价值。数据的价值判断难度增加进而导致企业没办法准确判断、合理选择、高效运用信息去为企业决策提供帮助。在这样的条件下，企业必须及时更新数据管理技术，建立多功能决策系统，才能够从海量数据中更好地筛选、提取有价值的信息，为企业制定科学的决策内容提供帮助。

3. 企业决策的程序滞后于市场变化

大数据时代来临之前，企业通常采用传统的数据管理手段，信息收集周期长，调查分析过程缓慢，提取有价值的信息过程具有严重的滞后性，导致企业未能及时抓住机遇，影响发展。在大数据时代，企业必须做出科学研究决定，决策程序应高度简化。销售市场中的激烈竞争要求企业领先于其他企业快速做出决策，占据主要市场地位并占领销售市场。大数据技术的竞争在未来的企业发展竞争中可能处于主导地位。通过对收集到的海量数据进行深度挖掘以及分类整合，可迅速识别并提取出对企业决策有重要意义的数据。

4. 企业决策的主体更加多元化

信息技术的发展，使企业的决策进一步系统化，加上企业生产经营过程中产生的数据量越来越庞大，对数据的分析处理技术要求越来越高，因此，企业的决策组织主体越来越多样化，其中包括权威专家、知名学者、专业的数据处理人才等。带有多元专业知识的多元决策主体形成了强大的决策智库，不同于集体决策，它可有效避免决策失误。为了进一步提高决策水平，企业应充分利用多元化的决策主体，尽快构建完善的智能决策系统，制定更加科学合理的指标，使数据的收集分析及应用更加智能，为企业决策制定提供强有力的帮助。

5. 传统的企业决策方法有待创新

大数据背景下，企业制定决策必须要以决策数据为依据。企业的传统决策方法主要是对相关数据进行统计性搜索，建立参照模型，通过对比、同类整合等方法找出各类数据的联系；而大数据技术使得企业数据研究更加科学高效。企业要根据大数据的特征，建立相应的决策系统，以便在海量数据中挖掘出隐藏价值以及数据间的潜在规律和关系。一般使用诸如支持度、可信度和爱好之类的主要参数来反映相关性。只有从数据挖掘中发现某种类型的方法与公司获利能力的提高有很强的相关性，才有可能在战略方面支持公司决策者。数据的相关性和其对公司决策的重要性要求企业应根据情况立即改进其决策管理方法。

（二）基于大数据支持的企业决策管理系统的构建

1. 基于生态系统及其协同共生的决策创新

大数据的发展为企业管理制度带来了变革性的创新，促进企业在整合产业资源、产业转型升级等方面取得巨大成效。它不仅可以构建完善的关系图，为企业发展提供新的商业模型，还能够对企业资源进行高度整合，在价值链方面进行独立创新，提供新产品和服务以及创建新的商业模式。实际上，基于公司大数据的公司管理理念和决策方法已经在国际商业惯例中不断涌现。传统的企业管理机制主要以产品为导向，强调企业外部经济因素对企业发展的影响；而大数据背景下的企业管理逐渐变成以服务为导向，强调高度团结协作的企业网络生态系统。因此，结合媒体技术与网络用户提供的多样化企业数据，对该新型系统展开科学研究，构建一个可无限循环的生态体系，对企业管理机制以及决策的制定具有代表性的现实意义。此外，应着眼于企业众包平台的发展和基于社交媒体的协作、基于上述系统产生的海量数据等。

2. 大数据支持的企业决策管理系统

与现代大数据技术相比，传统的数据处理技术没法对庞大的复杂数据进行处理，而大数据技术显然具备更多功能。因此，为了与该技术相适应，企业必须建立智能系统模型，重组原有业务流程，最大限度地把大数据技术运用起来。该智能系统模型主要有以下三个方面：数据采集层、处理层和应用层。第一层次的数据主要来源于浏览、交易、互联网数据；第二层次的存在意义是协调、控制决策系统，它包含了五个子系统，这些子系统分别具有数据收集、分析、选择、服务和协调控制的功能；第三层次的数据应用层属于以大数据为基础的企业经营策略。

四、大数据对企业财务决策的影响

（一）对财务决策工具的影响

在市场经济体制下，企业之间的市场竞争日趋激烈，有效的会计决策长期以来一直成为企业竞争的关键标准。适当的会计决策通常基于对合理的客观事实和许多相关数据的分析，这显然对企业软件技术提出了更高的要求。但是，当前的企业会计信息化只是将手动做账转变为计算机做账。只有少量的计算机会计系统可以分析和使用会计数据。当企业的会计决策者需要一些汇总数据，甚至必须从计算机化的会计系统中导出来，然后再开始进行人力资源整合，毫无疑问，这将直接损害企业的工作效率。在大数据的社会背景下，企业经营管理的决策相关数据规模更大、种类更多、结构更复杂，这在一定程度上反映出科学高效应用数据并非易事。因此，企业必须时刻跟上时代发展步伐，加快企业信息智能化建设。

（二）对财务决策参与者的影响

1. 更加有利于科学化的决策

在企业的传统决策模式下，企业管理人员决策的依据是主观经验。但是，社会发展迅速，企业面临的内外部环境因素变化越来越频繁，如果单纯依靠这种决策依据，他们可能就不会适应市场的发展趋势。企业发展必须依赖客观实际的数据信息，正确分析并从中挖掘出有实际价值的问题，以问题的分析结果为基础使决策更有具体倾向性。大数据有一个强大的功能，即信息挖掘，然后从挖掘出的有用信息中具体分析对企业发展有效的财务数据，并据此对未来发展做出有效预测。这样，依靠大数据来集成公司的会计数据和非会计数据可以防止部分由经验为依据制定决策所带来的风险。大数据不仅能够为企业管理者提供决策数据支撑，还能自动更新信息作为辅助支撑，从而促进更加智能化的决策进程，如此大大提高了效率。

2. 促进决策者与相关人员的信息交流

上述智能系统不仅能够使企业内部的信息交流更加便捷、共享程度更高，还能使企业从上而下随时随地掌握企业的发展动态，了解企业决策内容。基于此，若企业高层能够克服各种障碍与一线员工一起奋斗并向他人学习，其决策的能力将得到进一步提高。大数据下的会计决策不仅有利于企业的内部信息交流与交换，而且有利于企业与会计师事务所、工商部门、税务部门等利益相关者之间的信息交流。随着云技术的发展，为了更好更方便地使用云空间服务平台，公司将其业务数据存储在云端，而不是仅存储在公司的内部服务器上。企业运营过程中以及所进行的业务活动产生的一切数据都可以由政府相关部门直接进行管理，这样对企业的长远健康稳定发展有利无弊。

3. 提高了财务管理人员的专业要求

大数据技术日益发展成熟，企业紧跟时代发展步伐及时更新分析模型，能够实时处理企业财务数据、掌握流动资产去向、提高会计事务处理能力。而与此相对应的是，企业的专业会计部门应着重提高专业技能。财务人员不仅必须灵活地使用财务会计方面的专业技能，还必须在统计、计算机科学等方面储备专业知识，以便可以将其应用于更广泛的专业领域，以提高财务数据可视化水准。因此，大数据时代的会计人员应该学会创新，促进财务管理的自主创新。

（三）对财务决策过程的影响

1. 在决策目标的制定方面

过去，企业的发展战略计划都是从产品出发；但在当今社会，企业必须着眼于消费者需求，学会从市场中收集客户信息，然后进行分析整理，制订出相应的研发计划，比如第三方购物平台店铺实行的商品评价系统，消费者对产品的喜好对企业造成了非常重要的影响。大数据系统可以基于这种数据的融合和分析，总结企业当前的会计状况，并为企业未来的业务目标做出精确定位。

2. 在企业全面预算方面

销售市场充满不确定性。因此，企业必须根据当前的生产和运营状况，为将来某些阶段制订计划。但是，在此阶段，许多企业的总预算是根据企业管理人员的工作经验加上缺乏弹性的静态数据来创建的。大数据填补了统计调查方法的不足，因为从统计调查中提取的样本不易受到主观因素和多种因素的影响，从而增强了数据分析结果的真实性和有效性。可以在所有样本空间上创建基于大数据的业务数据分析，全面掌握企业所进行的业务进程，进而更加方便采集消费者信息与产品动态详情，基于此为企业制定动态财务预算，这更有利于企业应对风云变幻的市场。

3. 在成本核算方面

成本核算全程贯穿企业运营以及业务活动流程。财务人员的工作任务之一就是统计企业经营产生的费用，再结合产品的生产制造情况合理分配费用。只有拓宽数据来源渠道才能更加准确地转结所需成本和产生的费用。而大数据技术的发展，不但可以帮助企业拓宽数据来源方式，还能在一定程度上监督产品原料的规范使用。在上述系统中，企业的部分数据可以实现共享，比如企业员工的工资详情、产品的制造费用等，这样不但可以更加精准地进行成本计算，而且能够使企业效益最大化。

五、大数据时代下的财务决策

（一）利用大数据优化财务分析

为了进一步提升企业对财务的管理能力，需要合理应用大数据，使财务报表数据分析与之相结合，协调并完成资源的合理配置。众所周知，会计数据是企业最基本的数据之一，其累积量非常大，其分析结果会影响企业财务会计的最终质量。因此，公司在进行决策时，应始终坚持客观公正的准则，以会计数据为基础，制定既定的分析指标和依据，以确保公司财务会计的稳定运行。进行财务报表分析时，财务会计人员必须首先搜索并阅读当前的管理费用表，并将其与上一个阶段的数据进行比较，以找到两者之间的关键区别，然后才能找到费用的变化趋势，找出可能会导致这种变化的原因，基于此，财务人员可以参照多维目标模型制作实体模型，如此更便于清晰直观地标记变化点。

上述过程可能需要花费较长时间去收集有关数据，核算产生的费用。在专业的财务分析软件中，进行上述流程需切换页面。但是如果利用大数据技术，则只需拖动计算机鼠标，就可以在几秒钟内分析每个部门中生成的所有管理费用状况。对于企业决策者，基于财务信息的产生、处理、收集和深入分析，可以获得有价值的信息，以做出更科学有效的决策。

（二）利用大数据加强财务信息化建设

利用大数据并非都是益处，它可能会在一定程度上损害财务信息的结构，具体情况如下。

一方面，非结构化数据在财务会计数据中所占的比例将持续扩大。利用大数据技术可以流畅地进行各类结构的数据组合，且能快速分析出数据间的相关性，并可以使用定量分析来描述、分析和评估企业的经营情况。因此，拓宽非结构化数据的收集渠道，并利用大数据技术进行分析处理，是当前企业急需解决的问题。

另一方面，在某些特定场景中，财务数据信息准确性并不是特别高，就财务会计信息质量所执行的标准而言，这很可能清楚地提出了一个新的观察角度：财务人员必须权衡数据量和准确性之间的得失，是要注意确认准确性，还是要注意确认相关性。

因此，在会计信息化的基础建设中，首先要建立企业内部健全的财务会计信息化规章制度。制度保障是企业信息化的第一步。由于信息化不是一蹴而就的，因此只有通过制定规则，我们才能确保信息化能够得到有效的推进，建立网络化平台，完成企业具体情况与互联网资源的有机结合，达到解决企业信息失真问题的目的，建立动态的会计查询系统，完成不同单位之间会计数据的快速传输、升级和反馈。其次是加强监管力度。充分发挥互联网技术的优势，利用信息技术实时监控系统各个单元的资金应用状态，最大限度地降低资金的操作风险，最大限度地提高资金应用效率，确保财务数据的安全。

（三）构建科学的财务决策体系

企业要想构建一个科学合理的决策管理系统，首先，企业管理层要能充分理解大数据技术。依靠传统的工作经验进行决策制定并取得成功的案例数不胜数，加上大数据必须投入大量的人力和物力，企业很难在短时间内产生巨大的经济效益，因此许多决策者认为公司会计决策与大数据无关。这种理解是单方面的。只有充分认识到大数据能够为企业发展带来的便利，决策者才能从海量数据中挖掘出有利于决策制定的有用信息，并从中预测所要面临的运营风险，然后做出有效的决策。其次，有必要结合企业的具体情况，根据大数据制定合理的财务决策步骤。有必要在通过积极收集相关企业数据，创建大数据服务平台，以及使用出色的技术来收集、处理数十种信息的基础上改变过去的决策方式，从数百万甚至数亿的数据信息中探索企业存在的风险和发展机会，找到问题的解决方案。

第四节　大数据时代对企业财务信息挖掘的影响

一、数据挖掘技术在企业中的应用

（一）数据挖掘技术在企业投资管理中的应用

数据挖掘技术对企业投资管理具有提高企业经济效益、降低企业投资风险的作用。首先，企业要做好充分的准备，对投资项目进行深入的数据信息收集和调查，并利用数据挖掘技术来分析收集到的数据信息，对投资项目的发展前景进行深入分析，同时对投资企业的企业资质、信誉度和财务状况进行综合考量，并利用数据挖掘技术大致计算出投资收益，进而帮助企业根据财务数据分析报告做出正确投资决策。其次，企业可以利用数据挖掘技术对所在的市场进行深入分析，预测市场发展前景和风险，并综合考量风险和利益给出科学合理的规划与方案，尽量规避风险，实现企业经济效益最大化。

（二）数据挖掘技术在筹资决策中的应用

数据挖掘技术除了可以在企业投资中使用，也可以在筹资融资中使用。因为企业在生产经营中或规模扩张中会遇到资金紧张的问题，需要通过筹资和融资的方法来快速获取资金解决燃眉之急。但是融、筹资方法很多，不同的融、筹资方法有不同的特点，要根据企业实际情况与自身需求合理选择才能达到融、筹资目的。对此，企业可以通过数据挖掘技术来对自身的财务状况和筹资对象的财务情况及信誉度进行综合分析。例如，设置好要筹措的资金数量和时间，然后计算目标市场或筹资对象的财务情况,查看目标对象是否具备足够的资金来筹给自己,如果不够就要再扩展渠道,将具有经济实力的企业划入筹资对象中,并做出详细的筹资计划,帮助企业快速筹资。

(三) 数据挖掘技术在产品销售中的应用

企业获得利润的主要途径就是产品销售,如果企业的营销策略不科学、不合理就会影响产品销量,最终会导致企业经济效益下降。但是企业可以利用数据挖掘技术来制定完善的营销策略,从而提高产品销量。首先,利用数据挖掘技术来分析营销市场行情,了解消费者最喜欢的产品类型,就可以投其所好来生产和销售这些类型的产品。其次,利用数据挖掘技术来分析同行竞争者的价格、促销等营销策略,知己知彼百战百胜,可以参考竞争者的定价策略和促销策略来制定自己的价格策略和促销策略,比竞争对手棋高一着即可,就可以在同行中脱颖而出,用物美价廉的产品吸引消费者,从而提高产品销量。

(四) 数据挖掘技术在财务风险分析中的应用

企业在经营管理过程中难免会遇到一些财务风险,因为财务风险关系到企业资金周转和正常发展,因此要提高对财务风险的认识,并做好预防措施。利用数据挖掘技术可以有效降低企业财务风险,确保企业资金安全,让企业有足够的资金进行周转。首先,要利用数据挖掘技术来对企业的财务状况进行全面且深入的分析,广泛收集财务数据信息,寻找风险因素,并分析产生这一财务风险的原因,企业就可以根据这些原因来制定预防措施将财务风险降至最低。其次,企业也可以利用数据挖掘技术建立财务风险模型,将觉得有问题的财务数据信息输入到模型中,就可以对这些财务数据进行风险分析,并做出风险发生概率和危害程度等级表,让企业根据风险等级做出相应的预防措施,降低风险发生概率或将财务风险损失程度降至最低。

二、大数据时代的企业财务信息

(一) 大数据时代企业财务信息存在的问题

1. 财务信息的相关性与及时性

企业会计人员对企业进行全面的财务分析并形成财务报告的时间往往是在一个会计期间结束后,财务报表的数据能够反映企业的盈利能力、偿债能力和运营能力等,如果发现某些能力存在问题就要及时查找原因并纠正。但是财务数据信息只能等到会计期间结束后才能呈现,有时候就积重难返,很多财务风险已经形成,难以补救,导致这些财务数据信息缺乏实用性。

目前，企业财务数据信息主要由财务报表提供，财务报表并不直接为企业管理者所用，需要会计人员对财务报表做出解释，或者管理者读懂数据背后的信息和问题才行，而且企业管理者大多关注企业的经营成本、经济效益和发展方向，这些不是三大主表和财务比率能够直接呈现给管理者的，所以目前很多财务数据信息存在无用性。

2. 企业财务信息处理难度不断增加

在如今的数据时代和信息时代，企业每天要处理很多企业内部的数据信息，要分析竞争企业的各项数据信息，还要紧盯行业和市场上的各类数据信息，都是为了能够从海量数据信息中提取有用的信息数据，来帮助企业制订最科学合理的发展计划和策略。但是企业财务会计人员很难处理海量财务数据信息，这就会影响企业的决策和发展。

3. 专业人才队伍较为缺乏

目前，财务会计从业者虽然数以万计，但是真正出类拔萃的人才却很少。在竞争日益激烈的现代社会，财务会计人员不但要了解会计专业的知识，具备财务会计实践经验，同时也要具备较高的计算机知识和丰富的计算机操作经验，能够利用计算机高效处理各类财务数据信息，只有这样才能从海量财务数据信息中找到有用的数据信息，并为企业的正确决策和企业计划提供可靠的参考数据。正是现代企业对财务会计人才的要求不断提高，导致原先教育模式下的财务会计人员不再符合企业对财务会计人才的新要求，兼具财务会计和计算机专业技术能力的专业人才成为企业紧缺型人才。

（二）大数据时代提升企业财务信息化的措施

1. 强化对财务信息的重视程度

大数据时代财务数据信息的收集、分析更加广泛和专业化，能够实现企业从下订单到采购原材料再到生产、加工、销售全过程的财务数据信息的监督与管理，及时准确且全面地掌握财务数据信息将会提高企业对财务数据信息的应用效率。

企业应该加强大数据技术在财务信息化管理中的应用，并为此设定完善的信息管理机制，对企业生产周期全过程进行财务数据收集与分析，才能充分利用好财务数据信息，确保企业的稳定发展。

2. 设立单独的财务信息管理机构

因为在大数据时代财务部门要处理海量财务数据信息，不仅需要充足的财务会计人才，也需要专门的财务信息管理机构进行这些财务数据信息的收集和分析工作。独立的财务数据信息管理机构不负责审计、核算等其他财务会计工作，只负责财务数据信息的收集、分析工作，这样可以让管理机构更加专业，能更好地集中精力管理财务数据信息，提高财务数据信息的管理效率和使用效率。

在设立独立财务信息管理机构前要先制定相应的信息管理制度，规范财务数据信息的收集、分析流程，让财务会计人员严格按照规章制度进行工作。企业管理者要正确理解财务数据信息管理的真谛，在建立独立财务数据信息管理机构的同时也要完善财务数据信息化管理制度，升级企业计算机硬件设备和网络软件设备，实现各部门的数据信息互联，增加各部门之间的沟通交流，以便于财务数据信息管理部门能够及时获得各部门的财务数据信息，从而更好地分析企业的经营情况。

3. 建立科学合理的财务信息分类制度

建立科学合理的财务信息分类制度需要信息技术和大数据技术的支持，将收集到的各类信息进行准确的、科学的分类，并存储到计算机里面，这样在需要查找某些财务数据信息时只需在计算机中输入关键字就可以找到相关的数据信息，实现财务数据信息的高效利用。

企业不仅要建立财务信息分类制度，还要利用大数据技术建立财务信息模型，对财务信息流的各个环节进行财务信息分析。例如，给供货商提供产品成本信息，让供货商合理调整产品供货价格；成本数据信息中心还可以根据市场价格或原材料价格来对本企业的产品进行合理定价，确保企业的产品定价科学合理，具有一定的市场竞争力。

4. 提高财务信息化人才队伍的能力与素质

目前，负责财务数据信息管理的主要是财务会计专业毕业的人才，这部分人才具备丰富的财务管理经验，但是缺乏计算机操作经验，对于大数据技术、云技术和信息技术都不甚了解。在大数据时代财务会计人员必须懂得这些技术，这就需要企业加强对本企业的财务会计人员在计算机应用方面的培训教育，着重培养财务会计人员的财务数据信息收集和处理能力，并尝试培训财务会计人员数据建模能力，使其能够充分利用手中的财务数据信息做出最科学合理的财务报告，帮助企业管理者做出正确的财务决策。

三、财务领域中的数据挖掘应用

（一）数据挖掘与大数据时代的关系

数据挖掘是指利用科学合理的方法对收集到的海量数据进行整理分析，提取有用的数据信息，这样可以提高财务数据信息的使用效率，从而帮助企业做出资金优化配置，提高企业财务管理能力，实现企业的长远发展。数据挖掘技术涉及计算机技术、大数据技术和人工智能技术，因此需要有专业的人才才能熟练掌握该项技术，这就需要企业加强对财务会计人员的这些方面的培训教育，而只有让财务会计人员熟练掌握数据挖掘技术，才能更好地为企业提供财务管理建议和指导。大数据技术促进了数据挖掘技术的发展，同时数据挖掘技术也使得大数据技术有更高的价值。其中的关联主要表现在以下三个方面。

一是数据挖掘技术能够大幅降低企业管理的成本。大数据技术能加深知识竞争的深度和广度，是企业获得一手数据信息的重要科技手段。企业可以利用数据分析来管理好各个环节和各个部门，制订完善的企业发展计划，并对目标市场进行精准预测和分析。通过市场数据分析可以了解市场动态和发展前景，根据市场发展趋势合理优化营销策略，从而顺应市场打开销路。

二是数据挖掘技术能够弥补传统技术的不足。对于一些特殊行业和企业，如在通信领域，可以通过对用户的通信记录的数据分析了解用户的通信需求，但是传统技术达不到动态用户通信监管的效果，通过数据挖掘技术就可以轻松实现用户通信数据和信息的监管，了解用户的诉求和通信规律，进而为其提供更满意的通信服务。这就是数据挖掘技术本身比传统的数据分析技术更有优势的地方。

三是数据挖掘技术有利于实现企业创新管理。大数据技术和数据挖掘技术本身就是科技创新的成果，通过应用大数据技术或数据挖掘技术可以将创新理念贯彻到企业经营管理中去，能够提高企业经营管理效率，降低企业经营管理成本，最终实现企业经济效益最大化。

（二）数据挖掘技术应用于财务领域的重大意义

1. 提高企业财务信息的利用率

企业财务管理的主要工作内容就是收集和分析财务数据信息，但是在没有数据挖掘技术之前，企业财务会计往往需要花费大量时间进行财务数据收集，并花费大量精力去计算这些数据信息，且计算精准度也难以保证。而有了数据挖掘技术之后，财务会计人员只需坐在计算机前，就可以将企业各个部门的财务数据信息汇总于计算机中，并利用数据挖掘技术来对这些数据信息进行深入分析，从而了解企业经营状况，并为企业的发展制订科学可行的财务计划和方案，整个过程不再需要财务会计人员四处奔走，也不需要手工计算，大幅提高了财务数据信息的利用率和精准度。

2. 简化财务会计人员的工作，提升财务人员的工作效率

数据挖掘技术融合了多种科学技术，如信息技术和人工智能技术等，因此与传统的数据分析方法相比，更具有高科技加持下的高效性、便捷性和准确性，通过联网的计算机就能收集到各部门乃至市场上的财务信息，就不需要财务会计再去各部门手工

收集信息,也不需要去目标市场进行调查问卷或走访,全部财务数据的收集工作都可以在计算机上完成。同时,数据挖掘技术的数据分析是利用计算机的各类算法和逻辑公式计算得出的,比人工计算更加高效准确,因此,相比于传统的财务数据收集和分析方法,数据挖掘技术更加简捷高效,能够大幅提高财务会计人员的工作效率。

3. 极大地满足了财务信息智能化需求

在信息时代到来之前,企业制订财务计划的时间是在分析完财务数据后进行,这种财务计划制订模式缺乏时效性,往往制订完财务计划后市场行情和企业经营状况已经发生改变,不再适用当前的财务计划。而利用数据挖掘技术就可以做到企业财务数据信息的动态管理和分析,及时做出财务计划,并可以利用数据挖掘技术对财务计划的实施进行动态管理,确保财务计划的落实,这样就可以满足企业财务信息智能化管理需求。

4. 有效降低企业经营成本

数据挖掘技术能够高效全面地收集企业所需的财务数据信息,并且通过准确的财务数据分析来制订企业财务计划,优化资源配置,针对能耗和支出比较多的项目进行有效的节能减排控制,从而达到节约企业成本的目的。同时,利用数据挖掘技术可以大量减少财务会计人员的收集和分析财务数据信息的劳动量,这样可以适当裁减一些财务会计人员,或者减少财务会计人员加班时间,从而达到节省人力成本的目的。总而言之,利用数据挖掘技术可以让企业的各项支出更合理,无形中就节约了企业经营成本。

(三) 大数据时代财务信息管理应用数据挖掘技术

1. 财务信息管理技术方法创新的需求

自从我国改革开放以来,很多外企入驻,参与到与国内企业的市场竞争中。国外企业往往具有较先进的企业管理经验和技术,具有较强的市场竞争力,对我国企业造成竞争压力。国外企业在企业管理上的先进性主要体现在财务数据信息管理上,彼时很多国外企业已经开始利用计算机处理财务工作,而我国直到进入21世纪,互联网和计算机在我国逐渐普及后,企业才开始大规模使用计算机进行财务管理,进而大幅提高了财务管理效率,也直接提高了我国企业的市场竞争力。这源自我国科研人员在科技领域的不断努力和创新,也源自企业不断的创新图存。企业要想实现长远发展,就要不断创新,尤其是在财务信息管理技术方面,更是要适应大数据时代的环境,不断创新财务信息管理技术,才能不断发展。

2. 数据挖掘技术能够满足财务信息管理技术方法创新的需要

在如今的互联网时代和大数据时代,科学进步催生出数据挖掘技术,使得我国企业财务会计信息管理技术有了质的飞跃。它利用人工智能技术对企业内部的财务信息和企业外部的市场信息进行收集、归纳和分析，能够从海量数据信息中找到企业财务管理所需的有用数据信息，帮助企业制订完善的财务管理计划和策略，并且能够为企业财务信息管理方法创新创造参考依据。基于人工智能技术和大数据技术的数据挖掘技术与传统财务数据信息分析相比，其优势是能够对海量财务数据信息进行高效的收集、整理和分析，并且比传统财务数据信息分析拥有更高的准确性，这使得企业能够做出更快捷和明智的决策。

3. 财务信息管理职能的变化

传统的财务信息管理职能只是做好财务信息的收集和分析工作，并没有像现在这样能利用财务信息为企业管理和决策服务。因为企业经营管理涉及各部门的组织协调工作，这就需要处理好各部门的财务信息，对各部门的日常工作做出指导和建议，确保企业财务工作正常开展。目前财务信息管理职能可以分为成本确定和成本计算、决策和规划、控制和评价三种类型。但是在大数据时代，财务信息管理职能也发生了改变。

（1）成本确定和成本计算方面。在财务信息管理中，对成本信息的管理是重中之重。企业各项经营活动都需要一定的支出，同时企业的成本管理贯穿企业决策、企业战略制定和企业预算方案制订的各个环节，因此成本确定对于企业而言很重要。目前，成本确定和成本计算的数据信息来源主要是对企业内部的收集整理，但是这些信息数据对于成本的确定和计算远远不够，企业还需通过一些外部市场信息和竞争企业的财务信息来控制自己的各项支出，进而计算出企业的最佳成本。为了获得更广泛、更准确和更及时的外部财务信息，就需要通过数据挖掘技术来进行。数据挖掘技术可以突破行业间和企业间的信息壁垒，找到最有用的财务数据信息源，这样就能够更加科学合理地计算和确认企业的成本。相对于传统的成本确定和计算方法，基于数据挖掘技术的成本确定和计算方法更能够降低企业经营风险、企业耗能和经营成本。

（2）决策与规划方面。财务报告对于企业的各项经营决策具有重要的参考价值，因为企业的正确、科学的决策离不开详细而准确的财务信息，所以要重视财务信息在企业决策和规划上的作用。财务报告之类的财务数据信息可以反映企业的财务状况，为企业的正确经营和决策提供可靠的参考依据。在大数据时代，企业的任何决策和经济行为都要有可靠的财务数据作为依据，否则将很难给出正确合理的决策和规划。企业要想长远发展就要高瞻远瞩，需要财务会计人员对市场进行调查和分析，并预测市场未来发展行情。预测完市场行情后就要制定与之相符的生产策略和营销策略，以便于更高效地销售产品，提高企业经济效益。这些都是现代企业财务信息管理所要负责的内容。

（3）控制与评价方面。控制与评价是现代企业管理的一个重要方法。在财务信息管理中，控制与评价是企业对财务数据信息的充分利用以及对所用的财务数据信息的评价。通过控制与评价才能科学合理地确定此次财务数据信息分析和提取是否正确，如果按照严格的程序执行了财务数据信息所总结的规律或发展方向，最后评价时却发现结果与实际的预期相差较远，这说明当时的财务数据信息分析不正确，需要重新对财务信息进行分析。一般来说，在财务数据信息控制和评价时都要建立一定的原则，然后根据原则对财务活动进行监督和指导。控制的效果直接关系到评价标准的科学性，所以，在对财务信息进行控制和评价前要确定好原则和规矩，避免财务活动失控或者评价结果失真。

（4）财务信息管理展望。随着计算机技术、网络技术和人工智能技术的不断发展，财务信息管理技术也将不断发展。首先，财务信息管理更趋于会计专业和计算机专业的杂交专业，需要这两个领域的专业人才来推动其发展。在企业的财务信息管理过程中，兼具财务会计工作能力和计算机实操能力的人才会更加吃香，财务信息管理由原先的单一专业工作变为复合专业工作，其理论知识更加多元，其实践难度也更大，对财务会计人员的挑战也更大。其次，财务信息管理并非一门纯技术，还需要财务会计学和企业管理知识，能够与各部门的同事都和谐相处，能够及时沟通交流各部门的财务会计信息，做好各部门财务会计信息的收集和管理工作。未来的财务信息管理不仅是对信息的管理，更是对人的管理，所以，财务会计人员不仅要懂财会相关理论知识，要会计算机实操，还要懂得人员管理甚至企业管理方面的知识，具备良好的沟通协作能力和组织协调能力，等等。

第五节　大数据时代对企业财务管理精准性的影响

一、大数据时代下的企业财务精细化管理要求

（一）增强精细化财务管理理念

在当今社会，一个领域和行业的企业数量与日俱增，导致同行业之间的竞争日益激烈，企业要想实现长远发展，就要做好精细化财务管理。目前我国很多企业还处于粗放式管理状态，对于企业发展目标、财务计划、人力资源计划和生产销售计划等都没有明确的方向和实施细则，这样就很难让这些目标和计划落实到位。尤其是在财务

管理方面，很多企业大手大脚，不注重财务的精细化管理，导致企业很多支出项目都是不必要的，白白浪费企业资金，这也为企业的财务危机埋下隐患。为了避免财务危机，确保企业资金的正常周转，就必须树立精细化财务管理理念，要将企业的各个部门和各个业务流程进行细分。例如，在成本、薪酬、采购、营销和绩效考核等方面都进行精细化管理，这样就可以大量节省企业资金，降低企业经营成本，从而间接提高了企业的经济效益，有利于企业资金的良性周转。

（二）提高对财务分析的重视程度

财务分析关系到财务报告的质量，财务报告的质量关系到企业重大决策的正确性，所以财务分析对企业发展至关重要。目前，很多企业没有认清财务分析的本质，认为只是简单的财务核算和成本分析，这是对财务分析的误解和偏见。管理者应该充分认识并重视财务分析，定期召开企业财务分析会议，让财务部门将财务分析结果呈现出来供各部门研讨分析，主要分析企业各部门财务管理存在的问题，并积极解决这些问题。同时，管理者也要对财务会计人员下放权力，让财务会计人员具有一定的管理权限，让他们能够更畅通无阻地收集更多的企业财务信息，更高效地提供财务分析报告。

（三）改进财务分析方法

财务分析方法多采用定量分析法，因为财务分析属于理性分析范畴，不能凭财务会计人员的主观臆断就对财务数据进行评判和分析；同时，财务分析一般需要建立数据分析模型，而数据分析模型的建立也是依靠定量分析法，即向模型中输入相关的数据便可通过逻辑推理来计算出财务分析结果，进而利用财务分析结果来指导企业的财务活动。对于很难定量的财务数据信息，可以采用定量与定性相结合的方法来综合分析，修正误差，确保财务分析结果的客观与合理。除了定量分析法，还可以根据我国的财务制度进行分析，财务制度和财务规范都是经过无数实验和实践成果论证过的，因此具有很好的实用性，可以直接拿来引用。

（四）完善财务精细化管理制度

完善财务精细化管理制度是企业顺利开展财务信息管理工作的基础，财务精细化主要是对企业的各类财务活动例如预算、核算和审计等工作进行的，需要会计人员做好各环节的监督管理工作，并且结合企业内部控制制度，使得财务精细化管理更加有保障。财务精细化管理其实与企业内部控制是相辅相成的，内部控制制度可以为财务精细化管理提供绩效考核、资源优化配置、激励等保障，约束企业员工行为，以便于精细化财务管理工作顺利开展。

(五)充分利用大数据

在大数据时代进行财务信息管理自然离不开大数据技术,财务数据的收集、整理都离不开大数据技术。但是大数据收集到的信息并非全部真实,这需要财务会计人员利用数据挖掘技术来分辨数据的真实性,去伪存真,提高财务数据信息的使用价值。同时,应该利用大数据技术拓宽财务数据收集渠道和范围,满足企业对不同类型的财务数据信息的需求。因为大数据技术不属于财务会计人员的专业领域范围,所以要想财务会计人员充分利用大数据技术就要对其进行充分的培训教育,只有这样才能发挥大数据技术的真正作用。

二、大数据时代下如何提高企业财务管理的精准性

(一)企业财务管理应落实会计制度,夯实会计基础

企业要想实现财务管理的精准度,首先要建立财务管理制度,并落实财务管理制度,夯实财务会计日常工作。企业财务会计人员要时刻更新财务会计知识,学习最新的财务会计法律法规和准则,确保财务会计活动的合法性、合规性,只有这样才能确保财务管理制度的执行。除此之外,企业管理者要重视财务管理工作,要为财务精细化管理提供良好的硬件设备和软件设施,如独立的会计办公室、计算机和稳定的网络等,这样财务会计人员才能在良好的工作环境下利用便利的财务管理工具进行财务管理工作,使得财务工作的各方面都做到位,以更好地确保财务精细化管理的质量。

(二)企业财务管理应强化企业内部协调机制,加强财务管理与业务工作的融合

企业的财务管理涉及企业各个部门的财务活动,同样,企业各个部门的财务活动也影响到企业整体的财务管理质量。为了做好财务管理工作,需要建立各部门的内部协调机制,加强各部门的沟通交流,让各部门配合财务部门的财务管理工作;由财务部门统筹各部门的财务信息汇报工作,各部门及时上报本部门的财务状况;让财务部门对各部门的经营状况和财务状况有详细的了解,然后汇总各部门的财务数据信息制作成企业财务报表,及时向领导反映企业财务情况和经营情况,尤其是汇报出财务活动存在的问题,并将问题细化到部门甚至个人,最后通过财务工作会议或全体员工会议来集思广益解决这些问题,确保财务管理工作顺利开展,也确保企业能够正常发展。所以企业财务管理并非只是财务部门一个部门的事,其他部门都有参与,这也意味着财务会计人员要具有良好的沟通交流能力和组织协调能力,能够及时收集整理各部门

汇报上来的财务数据信息，并从中找到问题所在，最关键是要凭借自己的专业知识与工作经验对企业存在的问题提出改进措施和建议，只有这样才能将财务风险和经营风险减至最低。

（三）企业财务管理应将资金管理作为主要内容，满足企业资金需求

企业资金管理的一大目的就是实现企业资金的优化配置，确保企业有充足的资金进行生产、经营和投资等活动。为了实现资金的优化配置，需要通过财务管理的方法来制订资金管理计划和策略，提高资金使用效率和质量。首先，企业要加强财务管理中的资金管理，做好每笔资金的记录，并且提高自身的信誉度，这样可以赢得合作企业和消费者的认可，有利于资金的高效运转。在投资前，企业要全面调查投资项目的各类信息，对投资项目进行深入的数据信息收集和调查，利用数据挖掘技术来分析收集到的数据信息，对投资项目的发展前景进行深入分析，同时对投资企业的企业资质、信誉度和财务状况进行综合考量，并利用数据挖掘技术大致计算出投资收益，从而帮助企业做出正确的投资决策。只有这样才不会将资金错投，避免造成投资风险。其次，企业要树立自身良好的企业形象，加强与金融机构的合作交流，这样才能降低金融机构对自己的贷款门槛，能够高效获得金融机构筹资。只有确保筹资渠道通畅，企业才能够有源源不断的资金来促进企业的规模扩展。最后，企业要充分利用资金，做好资金使用计划，避免资金闲置浪费，也避免资金挥霍无度，要从长远出发，落实资金使用计划，充分提高资金利用效率。

第五章 大数据时代下企业财务管理的挑战与变革

第一节 大数据时代对企业财务管理的挑战

一、大数据对财务管理提出的要求

任何事物都是在不断发展变化的,企业也不例外。特别是如今的时代以大数据为主要特征,企业更应该与时俱进,抓住时代机遇,根据时代发展的主流,不断适应时代的发展要求。基于现实背景,在财务管理工作的过程中,企业财务管理人员必须结合时代发展需求,使得财务管理工具和管理模式更具有现代化特征。

(一) 财务管理工作应收集并存储更多的具有多种结构的数据资料

立足于互联网信息时代,企业需要努力攫取信息数据的有效价值,筛选出有利的信息,为企业管理所用。通过对海量的信息数据进行筛选、分析、预测,企业财务管理人员能够评估出企业的发展情况,了解到企业发展的问题。信息数据的采集和处理能力也是企业竞争力的重要体现之一,因此企业要提高这方面的能力,获得一定的竞争优势。而作为企业的重要部门,财务管理部门承担着信息采集和处理的任务,在收集到信息数据之后对其进行归纳和整理,然后通过信息交流平台实现信息的有效共享。为了能够更好地完成这项任务,企业财务管理人员必须具有过硬的信息筛选能力,在较短时间内迅速筛选出有价值的信息数据,然后进行评估和预测,实现信息在各个部门的有效传递。比如,预算一直是企业控制成本的重要手段,在成本产生时,企业会根据预算计划,对比核算与支出,然后做出相应的反应。成本的控制工作需要企业管理人员具备良好的综合素质、熟练的专业技能、完善的知识储备，而且与此同时，企业管理人员还要全面掌握企业发展的每一个环节，熟悉各种指标和标准。企业借助成本控制系统，对成本进行有效控制，从而有效降低成本，实现利润目标。

（二）财务管理工作应更加关注非结构化数据带来的价值

就现阶段而言，在财务管理工作中，企业财务管理人员主要会将结构数据作为分析处理的重点，然后借助先进的技术手段和信息管理工具，加快信息的处理速度。现阶段，如果信息数据较少时，财务管理人员能够凭借着自身的管理经验和技巧对信息数据进行处理；而如果信息数据较多时，财务管理人员通过财务管理软件来进行处理。如今，企业需要的信息数据更多的是具有结构化和非结构化特征，这种信息数据具有更高的价值，能够给企业的发展带来较大的帮助。所以，有利的信息数据越多，企业做出的发展决策就更具有科学性和合理性，企业在发展过程中就不容易出现失误。企业需要通过发挥信息管理工具和技术手段的优势，获取大量有价值的信息数据，才能够建构起企业的利润价值体系，实现企业利益的最大化。

（三）应不断满足财务信息使用者的个性化需要

财务管理工作具有全面性、系统性，能够为企业带来整体效益。基于市场经济发展的背景，企业的每一项决策都关系到利益的是否实现，因此在决策的制定过程中，企业决策者会参考财务部门提供的财务信息，做出科学合理的判断。而且鲜明的时代特征使得财务管理人员的工作难度增加，必须契合时代要求，利用现代化的信息管理工具来解决企业发展难题。因此，在新的发展进程中，企业必然会受到新时代不利因素的羁绊，给企业发展带来新的阻碍。

（四）有效提升了财务信息的准确度

在此之前，企业只是通过确认、计量、记录这三个步骤来完成对财务报告的编制工作，但是因为缺乏先进的财务管理软件，企业只是记录了信息数据，而未对其进行充分的开发与利用，忽略了信息数据的重要性。而且由于未形成系统化的信息管理，企业不能快速地对信息数据做出反应，导致信息的接收和运用之间存在较大的时间差，从而不能为企业的决策提供真实可靠且及时的信息支持，影响到企业决策的科学性和合理性。比如，如果企业不能够充分发挥信息数据的有效价值，那么信息数据就有可能存在"过期"的问题。然而，利用数据时代的优势，企业可以凭借技术手段对信息数据进行有效的处理，将信息数据转化为实际的商业价值，帮助企业在激烈的竞争中脱颖而出。

（五）全面促进财务人员的角色转化

随着科技越来越发达，数据信息的收集和整理方式越来越科学化，我们逐渐进入了数据时代，而企业财务管理人员的职能也在相应地发生变化，不再是以前的简单性质的工作内容。例如，收集数据、整理报表等，这一类工作人员的工作内容变得更复杂、更多层次。以前的财务管理人员主要负责的是整理企业的数据形成报表，通过分析报表为企业的经营者、管理者等提供整个企业的发展情况，而现在的市场竞争越来越激烈，如果企业的经营者和管理者仅仅依靠财务报表上的数据信息来判断企业的发展情况，那么是远远不够的，市场的变动增大，意味着企业需要收集和了解的信息越来越复杂。进入大数据时代，企业财务管理人员可以通过科技的力量在不同的层面收集相关的数据信息，并且还能够进行更为复杂的数据分析。大数据时代解决了传统的数据分析的难题，有了对数据信息的更高层次的分析，透过这些数据，企业的发展形势能够完整地展现在企业的经营者和管理者面前，从而帮助他们通过对企业的策略进行一定的调整来促进企业的发展。

二、大数据时代下企业财务管理的风险挑战

（一）公司价值内涵与驱动因素的变化

在企业的发展过程中，企业都会以追求利润为根本宗旨。因此，学术界大部分观点认为企业价值实际上就是企业股价，以股价的形式直接阐明了价值的含义。然而，这种观点模糊了价值与股价之间的关系和界限，导致企业财务管理人员进行在决策的制定与信息的分析时会将"市价"作为重要的参考标准，过于强调了股价的价值。根据很多财务理论，多个方面因素形成了企业价值，比如，利润、现金流、净资产等，因此，财务管理人员一般会运用以下几种估值方法对企业价值进行计量：市盈率、市净率、市销率或者现金流折现法等。在这些方法中，它们更注重分析企业的盈利能力，评估企业现有的自由现金流情况，预测企业的股价走向。

但是，就股票市场来看，无论是国外还是国内，股票的价格走向都与科学的财务理论和原则不相符合。比如，直到2014年上半年，相关财务报表表明，腾讯控股获取的纯收益达到122.93亿元，而且根据相关信息，其股票的市值达到9124.50亿元。2014年上半年，相关财务报表表明，中国石化获取的纯收益达到314亿元，然而根据相关信息，股票的市值达到6000亿元。

综合对比，我们发现，大数据时代的到来在一定程度上转变了投资者的思维方式，使投资者的目光更加长远。因此，投资者不再仅仅关注企业发展当下的情况，将利润、

股价作为投资的重点参考对象，而且也将企业的未来发展潜力纳入考察范围之内，重点评估企业的可持续发展能力。在计算公式的推导下可以得出，大数据的发展潜力非常大，具有不可估量的商业价值，能够给企业带来巨大的经济效益。同时，企业还可借助大数据优势，将海量的信息数据转化为自身的核心价值力。

因此，我们要从多个方面来对企业发展情况进行评判，不再将财务指标作为唯一的评判标准，而是更多地参考企业在未来发展中的实际价值。然而，在传统财务理论中，盈利模式则往往被很少谈及，社会普遍认为，商业模式与盈利模式没有必然的联系。大部分财务理论研究都没有详细介绍商业模式的相关内容，而只是寥寥几笔。就现实意义而言，在金融市场中，企业所具有的价值才能够得以真正彰显。然而，从更深层次意义来说，如果企业想要追求最大限度的利益，那么企业就要重点关注商业模式，不断对其进行创新，不断扩大具有实际价值的消费者群体，增加产品和服务的销售量。

结合相关数据可以发现，随着大数据时代的到来，企业发展的要求也越来越严格，而在商业模式中，创新和"触网"（接触互联网）才是最根本的价值目标。就目前来看，通过"触网"，企业能够利用信息攫取工具深入大数据的内部，筛选出最有实际价值的信息，了解市场需求的动态发展情况，从而确定与之对应的客户群体，根据顾客的消费需求变化不断调整自身的发展战略，满足客户多样化、个性化的消费需求。但是，在上述商业模式中，企业不再仅仅依靠资金，而且借助无形资本来实现运转，这些无形资本主要包括系统建设、品牌打造、服务优化、技术创新等。

（二）财务决策信息去边界化

随着社会和科技的发展可以发现，企业的信息管理系统不再仅仅局限于财务管理中的成本和风险管理，而是将财务管理中的所有项目都纳入管理范围之内，然后借助先进的技术手段和信息管理工具，建立一个系统完善的信息数据库，使得财务管理趋于程序化。我们在采集和处理信息时，必须扩大信息的收集范围，保证信息的全面性和可靠性。

凭借着信息数据的优势，企业能够通过最低的成本在短期内迅速获取具有实际价值的信息数据，而且这些信息数据都与自身的发展息息相关。在很多大型企业中，内部的各个系统、层级、部门各自运行的独立性逐渐消弭，相互合作已经成为主流趋势，彼此之间的信息交流更加密切，这也意味着企业的整体性都得到了一定的提升。

在一个企业内部，如果信息数据不能实现有效共享，得到整合和处理，那么信息数据的价值就会被作废，不再具有商业价值。在企业通过大数据优化自身发展的过程中，首要的前提就是将来自四面八方的海量数据汇总在一起，实现集中化管理。因此，传统财务管理实现完美升级的途径就是财务和业务两者实现有机结合，破除信息之间交流的障碍。

（三）投资决策标准变革

目前，学术界普遍流行的观点认为，企业要从财务资本回报率和股东收益两个角度来评判投资决策的价值和意义。在此过程中，财务会计人员会重点关注货币的时间价值，运用诸如净现值、内部收益率等指标，对企业投资计划的价值进行正确评估。在评估过程中，这些方法主要以投资项目预计现金流折现为出发点，具有一定的科学性和合理性，符合企业的发展特点。但是随着市场经济的不断深化发展，大数据技术的不断优化，上述价值评估方法逐渐不适用于企业目前的发展情况，存在着一定的局限性。主要体现为两个方面：一方面，评估方法过于决断，一旦评估判断出现错误，就会影响到企业的投资方向，给企业带来巨大的损失；另一方面，对于那些现金流不是很理想的投资项目，上述评估方法不是最佳的方法和手段，不能满足于企业投资的所有需求。

因此，为了能够使评估结果更加全面和深入，企业不再只是以利润和现金流的角度来进行考察，而是依照多个方面。由于时代的特殊性，企业能够通过多种途径来获取大量的信息数据，了解到市场发展情况、消费者的信用水平、交易信息以及自身存在的风险因素等。企业要以关联性的思维来深入分析信息数据的内容，寻找各个信息主体之间的联系，不断挖掘新的投资机会。

在投资评估方法方面，企业通过借助大数据的优势不断清除自身的发展障碍，主要体现在两个方面：一方面，企业在海量的信息数据中筛选出有利的信息之后，对其进行加工和利用，才能够为投资决策的制定提供准确的信息支持；另一方面，信息数据技术的应用范围广泛，能够帮助企业解决现金流较少的投资项目难题。另外，大数据可以全面反映整个投资项目运行的全过程，企业也可借助大数据技术全面监督和控制投资项目的发展趋势。在投资项目得出结果之后，企业通过大数据技术进行验证和核对，比较预期结果和实际结果之间的差异，然后进行信息的反馈。

（四）企业治理创新

由于信息数据越来越多，越来越复杂，企业要想实现对内部管理的有效控制，就必须要合理利用信息数据。如今，企业传统的管理模式已经越来越不适应于现阶段的发展，因此，治理模式的创新已经成为必然趋势。

一般而言，企业要想实现"触网"，就必须要采取"合伙人制度"。团队因素在企业发展过程中起到最为关键的作用，团队需要成员之间彼此相互信任，共同合作，通过技术创新不断推出新的产品和服务。因此，企业一定要注重团队合作，发扬团队的合作精神，才能从根本上取胜。在《参与感》一书中，作者黎万强认为，如果企业员工想要获得成功，首先就必须具有创业精神，以自身的兴趣爱好为基础，才能在工作中投入大量的精力和时间，而在此过程中，员工将自身对工作的喜爱作为工作的动力，企业就不必设置考核机制来对员工进行考核。同时在他看来，尽管有的企业没有对企业员工设置严格的考核机制，但这并不说明企业发展不够积极。因为，有的企业更加看重员工的工作主动性和积极性，倘若只是一味地设置 KPI，不考虑员工的工作压力，员工就容易产生逆反心理，变得消极怠工。相对于结果，有的企业强调了过程的重要性，对于每一个环节、每一个步骤、每一位员工都认真负责，那么取得成功是必然的。

治理企业通常有四种方法，分别是内外部的控制、通过法律条例治理、政府的政策支持和市场营销手段。此外，社会发展越来越快，如果无法掌握先进的技术和一手的资料是无法在竞争激烈的市场立足的，所以这就对企业引进知识型、创新型人才提出了迫切要求。这些人才运用自己的储备知识可以为企业的发展提供源源不断的内生发展动力，极大地提高企业的实际价值。企业引进人才不仅可以和他们一起关注决定企业未来的发展走向，还可以极大地改变以前企业里员工不作为的企业决策文化，逐步建立起自己的企业文化，调动员工的积极性。

（五）重新建构企业的财务风险管控

一个企业想要发展好，资金链条一定要稳固，因而一定要重视企业财务。

第一，财务风险定义重构。财务风险不能再拘泥于传统去思考定义，应该立足实际，多角度、多层级、多方位地去定义，将成因、结果等因素都考虑进去。

第二，预防风险的措施重构。对于风险发生的趋向形式要多加注意，怎样的行为会产生风险也要多加注意。企业要因时而变，在大环境的改变中及时改变自己的风险应对措施，去衡量企业在风险和投资中的比例，不要因为风险大而战战兢兢地错过极佳的投资项目，也不要因为风险小而盲目自信随意投资。

第三，对于风险的预测体系重构。企业不要过度依赖冷冰冰的测量仪器，那些仪器虽然精准但是没有考虑到现实生活中随时可能发生变化的因素，不具有可靠性，所以，一个企业好的风险评估应该是在企业具体的经营状况的前提条件下，利用大数据和周围的市场竞争等因素一起分析得出结论。要记住立足现实永远不会错。所以，对于企业的风险预测需要进行数据建模，对企业的相关未来发展态势进行预测。这个预测模型将全面应用于企业的风险预估，具体体现在投资方向、产品上市和市场竞争等。

（六）调整融资渠道

伴随着科技的进步，互联网的运用也在生活中愈加频繁，对于这一现象的出现，众多企业都改变了它们以往的经营模式，不再大量地投资现金，而是通过一些小投资发展企业。但是小成本资金显然不够支撑一个项目的运行，所以，就要利用其他供应商的资金一起推动项目的实施，这样既保证了自身投资风险变小，整体项目资金也不缺，而且还可以减少企业对银行的依赖，最大限度地实现企业自身的盈利，保证企业资金链条的稳定。

那么这样的企业资产模式主要得益于国家政策的支持，国家近几年来大力推行"去杠杆化"，使企业自身为了寻求更好的发展前景，减少银行对企业的束缚，增加企业的自身竞争优势。

在这个数据时代，借助着互联网的便利所在，企业应积极地改革传统财务模式，将融资、投资、经营三者有机地结合在一起，促进企业整体发展。

第二节　大数据时代下企业财务管理的变革与创新

一、大数据时代下企业财务管理的变革

大数据一直处于动态变化的状态，呈现出持续增加的趋势。而基于现实背景，企业实现现代化已经成为必然趋势，财务管理工作与信息数据技术的有机融合也正是时代特征的重要体现。因此，我们将根据时代特征，进一步阐述企业财务管理的革命性变化。

（一）企业情报挖掘系统

由于世界经济体之间的联系日益紧密，一旦其中某一个环节出现变化，企业会或多或少地受到影响。因此，大数据时代对企业财务部门的管理工作提出了更高的要求，财务部门必须具备较强的信息收集和处理能力，根据市场反馈，为企业发展提供信息支持，帮助企业提高行业内的竞争力。在信息的收集方面，通过借助大数据优势，企业能够不断拓展信息收集渠道，丰富信息收集手段。从外部来看，企业主要有以下信息收集渠道：政策阅读、标杆性企业、客户数据、互联网渠道、竞争情报、外部环境等。从内部来看，企业主要有以下信息收集渠道：完善的信息系统以及相关网站等。企业内部的信息共享建立在完善的内部管理系统上，具有一定的保密性，不容易发生泄露。建立一个对大数据处理的平台能够帮助企业实现信息数据的有效处理，但这也需要企业具备过硬的计算机技术。

（二）大数据智慧预测系统

如今，企业发展的时代特征以大数据为主，企业借助大数据的优势，利用信息处理工具筛选出具有实际价值的信息，从而分析出企业发展的有利因素。而在此过程中，基于信息分析预估的需要，企业必须要建立一个科学合理的大数据管理系统，减轻财务管理人员的工作压力，使财务管理人员的工作更加集中，能够将充足的时间和精力投入在信息的预测、企业的决策工作上。从实际意义上来看，企业这样做的目的是帮助企业在大量的信息数据中筛选出有利的信息，然后根据信息提供的有利要素开展企业的生产运营工作，提高企业的竞争力。信息系统能够帮助企业准确定位目标客户群体，实现个性化的生产与销售，提高企业的经营管理水平。

（三）大数据舆情监测系统

大数据舆情监测系统主要具有两种功能：其一为舆论管理功能；其二为舆论分析处理功能。首先，第一个子系统主要负责舆论的管理工作，起到全过程监控社会舆论的功能，该系统主要借助于微博、论坛等社交媒体。其次，第二个子系统主要负责舆论的分析处理工作，在信息数据库中攫取引发社会关注的事件信息，然后按照相应的程序深入分析信息数据，分辨出企业存在的潜在风险，让企业做好充分的准备，提高风险应对能力。

（四）大数据用户评价互动系统

大数据用户评价互动系统立足于用户的个人体验，运用智慧语义感知技术，让用户在整个大数据时代中拥有发言权，帮助企业了解用户的体验感受和需求，然后企业针对用户的评价做出相应的回复，在彼此之间建立一个有效的沟通桥梁，实现有效的沟通与交流。大数据用户评价互动系统主要由四部分构成：第一，用户评价的自动分析；第二，用户评价的机器互动；第三，用户评价的实时聆听；第四，用户评价的挖掘。通过上述四个功能的实现，企业能够全面了解市场需求的动态变化发展，然后迅速做出反应，提升用户的体验感，树立良好的企业形象。

二、大数据时代下企业财务管理变革的基本路径

为了应对时代的挑战，在财务管理过程中，企业需要抓住时代机遇，借助时代的优势，对财务管理模式进行不断创新和改进。与此同时，观念也是影响企业发展的重要因素，企业必须要求员工不断学习新的知识，更新自身的知识体系，才能符合现代化企业发展的需求。在这种背景之下，财务管理人员的工作职能得以转变，而且财务

部门的工作重点由财务信息核算转变为财务信息反映和监督。在发展过程中，企业将财务管理工作的内容更多地集中于信息的处理和预测上，减少了对会计核算工作的关注。因此，所谓大财务管理范围更广，蕴含着一些新的内容，体现了大数据时代的特征。大财务的出现也为陷入困境的企业寻找到一条新生之路，充满了活力，彰显出广阔的发展前景。具体的变革路径阐述如下。

（一）企业管理会计的面貌

利用大数据技术开展财务工作，将企业的运行状况转化为数据，对数据进行实时监督，实现了对企业的透明化管理。这样一种新型的财务管理方式，是对传统财务管理方式的突破，极大限度地利用了当下最新的科技成果，提高了企业财务管理工作的效率，也降低了传统管理方式耗时长、财务过程多有疏漏的局限。

（二）企业的财务管理工作更具前瞻性与智慧性

利用大数据，企业的运行状况全部由数据呈现，一目了然，企业进行财务管理更为得心应手。发挥大数据的优势，及时将企业的业务和经营状况转化为数据记录在案，企业的管理者就可以通过大数据对企业的运行进行实时监督，获取企业经营信息，为企业管理者的决策提供信息依据。另外，依托大数据，企业可以对下一年度的状况做出合理的推断，为管理者提供经营策略参考。并且，企业还可以利用大数据加强对企业财务信息的管理，对企业的财务走向进行合理预测，并对企业的财务管理方案进行优化，使其更显企业财务管理的智慧。

（三）企业更易实现财务创新

利用大数据进行企业的财务管理，企业的各项财务信息通过互联网技术进行互通，大大提升了企业内部的信息交流，有力地保证了财务信息的及时性。并且，将大数据引入企业财务信息的管理，增加了财务信息的透明化，降低了股东为个人利益实施财务造假的可能性，从而减少了影响企业政策经营的因素。通过大数据对企业的财务信息进行整合，有利于发现企业现阶段财务管理的效果，发现企业财务管理中的不足之处，并有针对性地提出解决策略，从而推动企业财务管理的创新。

三、大数据时代下企业财务管理创新的路径

现阶段，市场正在前所未有的革新之中，经济社会复杂难辨，企业的数据也大大增多，使得企业的财务管理工作困难重重。故而，企业若要获取后续的进步，就必须解决这个问题，主动找寻改变财务管理的有效办法。国家提出了新的解决路径，企业

应该变革传统的财务管理模式,利用大数据技术推算企业的经营数据,推动其与财务管理深度融合。那么,企业应如何实现路径的创新,在此给出以下几点建议。

(一) 培育大数据管理意识

随着大数据在各行各业的应用,其影响力越来越大,大数据在管理方面的优势已经显现得淋漓尽致。企业应该深入学习大数据,利用专业团队,将大数据与企业的财务具体管理结合,利用大数据实现对企业财务的有效管理。但是财务管理路径尚未实现创新,对大数据的运用还停留在十分浅显的阶段。还有部分企业尚未意识到大数据的优势,企业内部的财务信息还不能够及时互通,企业的财务管理仍存在着较大的局限。对此,企业不应墨守成规,一味依赖原有的财务管理方式,而应树立大数据管理意识,推动大数据与企业财务管理的融合。

(二) 创新企业财务管理组织结构

多种因素都可能影响到企业财务管理的效果,财务管理的组织结构便是影响因素之一。因此,企业必须重视对财务组织结构的管理。当下,中国企业一般采取分割财务管理权力的形式,将财务管理权限具体划分到财务部、会计部、审计部等部门下,最终将大权集中于企业的高层管理部门。如果要推动大数据和企业财务管理的深度融合,企业就应该对现行的组织结构做出相应改变,推动财务管理组织形式与大数据相适应。企业应重新认识企业的财务管理,以此为基础增添对大数据的管理,主要有三个方面的内容。其一,除原有的财务管理部门外,企业应另设部门,实现对财务数据的专门管理,并负责对企业财务大数据平台的维护和管理。其二,提升财务管理人员的大数据意识,加强对原有财务人员的网络办公技能的培训;明确管理大数据平台部门人员的入职要求,相关人员必须能够熟练处理数据,能从海量的数据中挖掘出潜在的、有价值的、有意义的信息,为企业管理有效分析并整理呈现。其三,企业要加强各财务管理部门的交流,培养部门间的合作意识,加强企业内部财务信息的联通。

(三) 建立财务管理信息化制度

随着大数据与企业财务管理融合的深入发展,企业原有的财务信息化制度逐渐无法适应企业财务管理发展的形势,建立新的恰当的财务管理信息化制度刻不容缓。具体实施方案如下。

其一,营建适宜企业财务管理的网络信息环境。在这个过程中,企业要审慎思考,将可能影响企业财务管理的多种因素都纳入企业的整治范围内。其二,构建科学一致的财务制度。企业上下实行科学一致的财务制度,保证企业财务管理的秩序,有利于提高对企业资金支取的监管力度,防止企业资金被滥用或被个别人员盗用。其三,建立企业专用的财务数据中心平台。企业应聘请专业团队,为企业量身打造财务数据中心平台,提高企业对大数据的应用深度,从而提高企业对财务管理的质量;同时,企业要为平台配备专业的从业人员,注意提高相关从业人员的职业素养,确保从业人员能够熟练掌握大数据技术并且能够独自或在团队的帮助下完成对企业的财务信息进行深入处理,提取出数据反映的各项信息,落实从业人员对平台的维护和管理的职责。

(四) 构建财务管理智能系统

利用大数据进行财务管理工作具有极大的便利性,其将大量而繁杂的信息都凝聚在一条条的数据中。但是,这也使得企业必须从更加繁复的信息中提取出潜藏的价值,提升了企业财务管理的难度。建立一套财务管理智能系统,能够有效解决信息处理过于复杂的难题,将先进的财务管理理论转化为计算公式,再将财务信息数据导入,便能通过算式直接将复杂的数据转化为需要的信息。由此看来,建立科学适宜的财务管理智能系统是促进企业财务管理进步的荦荦大端。当下,中国的多数企业尚未构建出适合自身的较为科学的财务管理智能系统,多数企业仍然坚持采用传统的财务管理办法,主要依靠人力来提取财务数据中隐藏的信息,效率不高且极容易出现疏漏。因此,企业在改进财务管理时应该注重构建出适宜的财务管理智能系统,发挥出现代技术的作用。以下是财务管理智能系统发挥作用的三个方面。

1. 财务分析

通过上传到数据平台的数据,系统根据算法自动分析出其中潜藏的特定价值,并对各项数据进行分类汇总,从中分析出企业的融资情况和经营情况,进而分析出企业的盈利能力,为企业管理者的决策提供财务信息的支持。

2. 财务预测

利用财务管理系统计算得出本季度的经营收入、成本支出等数据,再对其进行简要的分析,从而得出企业的实际盈利状况,并对企业的财务状况进行初步的预测,为企业确定下个季度的经营策略提供参考。另外,企业的财务预算系统应该及时更新,根据市场变化和企业的发展及时调控系统的运算公式和计算方案,推动其始终与企业的运行状况相适应,做出较为科学准确的财务预测。

3. 财务决策支持

系统可以从数据中提取信息,经计算进一步给出较为科学的财务决策,为公司的财务管理提供选择方案。由于系统中的财务方案都是基于大量数据运算得来的,所以,系统提供的财务方案较为可靠,具有实际操作性。

（五）提升数据管理水平

企业的数据林林总总，繁多且复杂，但仅从单项来看又总是一目了然，故而，许多企业都对数据抱有忽视心理。这些企业往往不注重对数据的解读和利用，业务经营的数据没有得到及时的记录和处理，造成了部分关键数据的缺失，从而影响企业最终对业务经营状况的评价，这是一种极其浪费数据资源的行为。并且，这类企业因为不注重对数据的管理，使得企业上下实行的数据管理的标准不一，大大降低了汇总数据对决策起到的参考价值。随着大数据的广泛应用，企业逐渐认识到其能够为财务管理发展带来的活力，改变了数据收集、储存、分析和应用的方式。

互联网技术推广开来后进一步发展，大数据应运而生。数据汇总后更加的庞大，其储存的方式也发生改变。在大数据与财务管理深入结合后，财务信息的提取和决策的决定都依靠于大数据的支持，在充分利用了企业数据资源的同时，也提升了企业财务决策的科学性，企业的财务管理活动有了科学可靠的数据支持。曾经，一方面，企业的各项数据被闲置；而另一方面，企业上层管理人员却缺乏足够的数据支持来推动决策的科学化。故而，企业要改进原有的数据收集方法，将企业中的各项数据纳入决策支持系统。

大数据在将各项数据都记录在案的同时，也提高了对数据的管理难度，过于庞大的数据信息对企业的储存手段提出了新的要求。然而，我国现今的企业信息储存手段还较为稚嫩。对数据的储存会在很大程度上降低数据分析和应用的效率以及质量。因此，企业需要改进数据储存方式，建立灵活的适用于当下发展状况的数据库。企业可以从改进储存技术入手，为数据库的建立提供硬件支持。同时，企业在构建数据库前应该做好规划，依照既定的方案，推动数据库的成立。

未经处理和分析的数据过于繁复，企业难以直接利用。因此，企业若要实现对数据价值的最大利用，则应加强对数据的分析，发掘其中潜藏的具有商业价值的信息。现阶段，企业的财务管理活动已经大致掌握了数据收集的办法，但企业分析数据的能力有待提高，提取有价值的信息的效率较为低下。对此，企业需要加强对大数据的利用，提升提取信息的质量，推动企业决策科学化。

现阶段，因为大数据在企业中的深度推广，企业对经营数据的掌控更进一步。利用大数据得到企业需要的信息结果，为企业决策的制定和后续的经营发展提供财务方案的选择，助推企业的发展。

（六）建设大数据财务管理人才队伍

大数据为企业的财务管理发展提供了信息和技术两方面的支持。大数据在企业中的深度应用，使企业管理者对企业的把握更上一层楼。另外，大数据在财务管理中的应用，对企业的财务管理人员提出了更高的从业要求。员工必须同时掌握传统的财务管理知识和大数据技术，才能适应企业新的财务管理模式。然而，事实恰好与企业的预想相悖，能够同时掌握这两项技能的员工少之又少。在企业已经创造出了一套应用大数据的模式的情况下，从业人员也无法完成对大数据的深入应用。针对这种情况，企业应该主动培养财务管理人员的从业技能，通过培训的方式，使财务管理人员掌握相应的技能，打造一支专业强大的财务管理队伍。

参考文献

[1] 阿尔文·托夫勒.第三次浪潮[M].黄明坚,译.北京:中信出版社,2006.

[2] 崔小屹,韩青.用数据说话——大数据时代的管理实践[M].北京:北京大学出版社,2013.

[3] 维克托·迈尔·舍恩伯格,肯尼斯·库克.大数据时代[M].盛杨燕,周涛,译.杭州:浙江人民出版社,2013.

[4] 孟小峰,慈祥.大数据管理:概念、技术与挑战[J].计算机研究与发展,2013,50(1):146-169.

[5] 王志权.大数据时代与企业财务管理转型[J].财务与会计,2014(6):74-75.

[6] 李世尊.关于民营企业财务管理现状的研究[D].长春:吉林大学,2013.

[7] 董庆刚.大数据时代对财务工作的影响探讨[J].创新论坛,2014(8):1-2.

[8] 周丽萍,王利敏.财务管理[M].南京:东南大学出版社,2014.

[9] 张念珍.我国集团企业财务管理信息化的问题及对策研究[D].太原:太原理工大学,2014.

[10] 涂子沛.大数据[M].桂林:广西师范大学出版社,2015.

[11] 陈刚.大数据时代的历史机遇[J].时事报告,2016(11):24-31.

[12] 国家信息中心,南海大数据应用研究院.中国大数据发展报告(2017)[R].南京:国家信息中心,2017.

[13] 崔伟群.大数据时代的计量与计量的大数据时代[J].中国计量,2017(9):10-13.

[14] 钟苏梅.大数据能力、组织学习与企业绩效关系的实证研究[D].广州:广东工业大学,2017.

[15] 陈蕾.大数据视野下的因果关系研究[D].南京:东南大学,2017.

[16] 杨文成.大数据时代背景下企业财务管理转型分析[J].现代经济信息,2016(8):221.

[17] 程平,白沂.大数据时代基于财务共享服务模式的费用预算管理[J].会计之友,

2016(22):128-131.

[18] 张高胜.大数据时代财务预测的变革探索[J].商业会计,2016(6):14-16.

[19] 吕云翔,钟巧灵,衣志昊.大数据基础及应用[M].北京:清华大学出版社,2017.

[20] 段云峰.大数据和大分析[M].北京:人民邮电出版社,2015.

[21] 蔡佳辰.大数据时代财务共享服务中心研究[D].青岛:青岛理工大学,2016.

[22] 李晶.财务共享平台下企业业财融合模式研究[D].呼和浩特:内蒙古大学,2017.

[23] 张颖.大数据时代侵犯财产隐私权问题研究[D].南京:南京师范大学,2017.

[24] 李浩.大数据时代集团财务管理风险及应对策略探析[J].现代商业,2017(3):151-152.

[25] 刘君.大数据时代下企业财务管理模式的创新研究[J].现代经济信息,2019(22):198.

[26] 周芳.大数据背景下企业财务信息化管理优化研究[J].中国乡镇企业会计,2019(10):229-230.

[27] 金鑫.大数据时代企业集团财务管理的转型研究[J].会计师,2019(19):38-39.

[28] 杨志永.基于大数据背景的企业财务管理转型研究[J].企业改革与管理,2019(19):135-136.